韓国最強の「実験経済部」の生徒が学ぶ

中学生でもわかる
経済のはなし

チョコレートパイは、なぜ1個目がいちばんおいしいのか？

キム・ナヨン 著　イ・インピョ 監修　チョン・ジニョム イラスト　吉原育子 訳

JN093929

サンマーク出版

装丁　小口翔平＋奈良岡菜摘（tobufune）

日本語版・DTP　石澤義裕

日本語版監修　井坂康志（ものつくり大学教授）

翻訳協力　株式会社リベル

編集協力　株式会社ぷれす

「ホームズ」のように
目に見えない価値を読む力！

　アーサー・コナン・ドイル（Arthur Conan Doyle）の「シャーロック・ホームズ」シリーズの１つ、『白銀号事件』で、ホームズは盗まれた高額な競走馬を探してほしいという依頼を受けます。事件を調査していたホームズは「夜、犬が何も行動しなかったこと」に着目しました。競走馬が消えたときに犬が吠えなかったのは、犯人が普段からそこに出入りしていた人物だという意味です。結果的に、この手がかりが事件解決への決定的な役割を果たします。

　犬が吠えなかったことに着目しなかった他の登場人物のように、現実でも多くの人が「目に見えない価値」を見逃しがちです。もちろんホームズのように、「目に見えない価値」まで含めながら論理的に状況を判断することは簡単ではありません。では、どうすればホームズのように考え、判断できるのでしょう？ここでみなさんに２つの質問をしてみたいと思います。

　　　1　目覚まし時計が壊れたので新しく買うことにする。大きさも機
　　　　能も同じアラーム時計が、家の前のショッピングセンターＡ店

では 2,000 円、家から 30 分の距離にある B 店では 1,000 円で売っている。どちらの店で時計を買うのが合理的だろう？

2　今度はタブレット PC を買う必要がある。A 店では 8 万円、家から 30 分かかる B 店では 7 万 9,000 円で売っているとしたら、どちらで買うべきだろう？

　一見、簡単なクイズのように見えますが、なんとこの質問は、大学の共通入試の模擬テスト ［日本の大学入学共通テストにあたる、韓国の共通入試の直前に 2 回行われる模擬試験］ に出題された問題です。答えはどちらでしょうか？

　もしかしたら、すでにお気づきのシャーロック・ホームズのような方もいるかもしれません。そうです、じつはこの質問には正解がないのです。どちらの質問も B 店を選んだときの「便益」は 1,000 円で、費用は 30 分の価値と見ることができます。つまり、自分にとって 30 分の価値が 1,000 円よりも大きければ A 店を、1,000 円よりも小さければ B 店を選ぶのが「合理的」ということです。

　実験経済部の最初の授業で、私はいつもこの質問をします。興味深いのは、多くの生徒が質問 1 では 50 パーセントも安い B 店で購入すると答え、質問 2 では B 店の割引率が低いので A 店で購入すると答えますが、一緒に経済の勉強をしていくうちに、割引率は重要ではないということを学んでいく点です。

読者のみなさんに身につけてほしいのは、まさにこういう考え方です。何かを決定したり進めたりするとき、「何をあきらめるべきか」まで含めて考えることを「経済学的思考」と呼びます。目に見えない価値のことまで考えながら世の中を見つめれば、日常生活の中で起こるさまざまな現象の意味をより深く理解できるでしょう。こうした経済学的思考力を高めることで、多角的な視点から問題を探り、論理的に解決できるようにもなるのです。

　本書には、実験経済部で私が行った授業がそのまま収録されています。実験経済部の教室は、美術品のオークション会場になったり、中古車販売市場になったりします。実験経済部の生徒たちは、それぞれのシチュエーションにおける経済状況を理解し、自分の役割をこなしながら、自然と経済学の原理を身につけ、経済学的な思考を駆使し、自ら問題を解決していきます。「実験経済部」という名前は、生きていくうえで欠かせない基礎的な経済学の理論を、実験とゲームを楽しみながら、頭ではなく体で覚えてほしいという気持ちからつけました。

　実験経済部では、経済に欠かすことのできない数学の概念も扱います。経済学と関連が深い身近なテーマを題材にして、ゲームのようにＱ＆Ａ形式で解いていきます。本書を読めば、微分、関数、確率といった、人によっては名前を聞くだけで頭痛がするようなものがなぜ私たちの生活に必要なのか、それをどう活用す

ればいいのかが簡単にわかるでしょう。

　実験経済部をスタートさせてから、いつの間にか13年が経ちました。これまで一緒に学んできた生徒たちは、社会に出て、経済政策の策定に関わったり、経済関連の国際機関や医療、法律の分野など、さまざまなフィールドで活動したりしています。ほかにも多くの生徒たちが、合理的かつ賢明な判断と選択を行い、希望の進学先や職業を見つけ、自分らしい人生を歩んでいます。

　読者のみなさんも、実験経済部のメンバーと一緒に、経済学の理論と数学の概念を楽しみながら身につけて、「ホームズ」のように世の中を読み解く力を養ってください。

　それでは、実験経済部の教室をのぞいてみましょう。

キム・ナヨン

目次

第1章 選択の経済学

すべての経済の問題は「選択」から始まる！

第2章 見えざる手

価格を決定する驚くべき力の秘密

実験経済部のメンバーを紹介します！・・・

ナ先生

経済教育への情熱にあふれる先生。普段は落ち着いた静かな性格だが、実験経済部では競売人や社長などになりきって、生徒たちが実験やゲームに積極的に参加しながら、経済の概念をやさしく楽しく理解できるように導く。

シヒョン 　将来は…　インダストリアルデザイナー

アートが好きで感受性豊か。入部を希望したデザイン部が定員オーバーで、しかたなく実験経済部に来た。初めは授業に消極的だったが、経済の勉強に少しずつのめり込んでいく。心理学を活用したマーケティングやデザインに興味をもち、将来はインダストリアルデザイナーになりたいと思うようになる。

チャンミン 　将来は…　数理統計学者

すばやく正確な計算でみんなを驚かせる。機転が利き、ギャグが得意。言いたいことをストレートに口にするので相手をぎょっとさせることも。数理統計学者になるのが夢。

ジェヨン 　将来は…　政治哲学者

その日学んだ内容をつねに几帳面にまとめておくメモ魔。小さいころから「公正」「正義」に関心があり、そうした視点からさまざまな社会問題を見つめている。実験経済部に入ったのも、生きていくうえで基盤となる経済の重要性をよく理解しているため。政治哲学者になるのが夢。

ギョンホ 将来は… 美容外科医

自分にとって何が得かをすばやく計算して行動するタイプ。美容外科医になるのが夢だが、何をするにも経済を知っておくべきだと考えて実験経済部に入った。

ソナ 将来は… 経済官僚

実験経済部の授業を受けて経済学の理論に興味がわき、経済の安定と成長を同時に実現するために働く経済官僚になりたいという夢ができた。慎重で物静かだが、いざというときは核心を突く発言をする。

ジェジュン 将来は… プログラマー

パソコンや機械を扱うのが得意で、授業に必要な機材や材料の管理を手伝う。真面目で几帳面だが、たまにかっとなることも。自分が損をしてでも、公正でないことは必ず正そうとする。プログラマーになるのが夢。

ギュヒョン 将来は… 法律家

原理原則を守ることを何より重視し、卑怯なやり方をする友だちには厳しい忠告をしたりする。法曹界で活躍するのが夢で、租税法に関心があり、理想的な税金制度について考えている。

「実験経済部に入った理由は……」

　ナ先生が教室のドアをそっと開けると、7人の生徒がいっせいに先生の顔を見た。

「みなさん、はじめまして。この部を担当するキム・ナヨンです。実験経済部にようこそ！」

　ギョンホとチャンミンが机をドンドン打ち鳴らしながら言った。

「先生こそ、ようこそ！」

「これからどうぞよろしくね。では順番に、この部に入った理由を聞いてみましょうか？」

　ナ先生がそう言うと、ギョンホが真っ先に答えた。

「僕は、どういう行動が自分にとって最も有利になるのか、経済を通して学びたいと思ってきました！」

「おまえ、今だってそういう行動してるんじゃない？」

　横からチャンミンがからかう。

「経済の原理を学べば、どんな行動がどれだけの利益をもたらして、どれだけのコストが発生するか、検討することができるわね。大歓迎よ。ギョンホ」

「僕は小さいころから数字が好きだったんです。最近はビッグデータだの何だのって統計学が注目されてますよね。

データを扱うには統計も必要だけど、データを利用して未来を予測したり活用したりするには、経済を知らないといけないと思うんです。それで入りました」

そっけない口調でチャンミンが言った。

「ビッグデータとか AI つまり人工知能とかの第四次産業革命と関連して、統計学への関心が高まっているけれど、チャンミンのやれそうなことはたくさんありそうね！　最近は、経済・金融分野でも統計をもとにしたさまざまな技術が導入されています。ロボアドバイザー（ロボットとアドバイザーの合成語）が、個人の好みや状況に合わせて投資商品をお勧めして、資産管理もサポートするという話、聞いたことがあるかしら。経済を知れば、チャンミンがやりたいことにも、とても役立つはずよ。よろしくね！」

「僕はデザイン部に行きたかったんだけど、ジャンケンに負けてここに来ました。数字や経済にはあまり関心がなくて、絵やデザインが好きです」

シヒョンが言った。

「シヒョンはデザイン部に入りたかったのね。デザインにも経済の勉強がきっと役立ちます。たとえば、ハンバーガーショップでフライドポテトを入れる紙の箱があるでしょう？　あれにも経済が隠れてるのよ」

ナ先生はパソコンでフライドポテトの写真を検索して、生徒たちに見せながら話を続けた。

「この紙容器は底がぽこんとへこんでいて、上の前側が低いデザインになっているわよね？　フライドポテトを入れたとき、量が多く見えるようにそうなってるの。入れる量が少なくても多く見えるから、経済的なデザインだと言えるわね。それに、色を赤にしておいしそうに見せています。こんなふうに、デザインするときにも経済学の考え方がきっと役に立つわよ」

今度はギュヒョンがてきぱきと言った。

「私は租税法に興味があるんです。理想的な税金制度を考えるには、経済の知識が必要ですよね。それで入ったんです！」

「ギュヒョンはもう具体的な夢があるのね。税金は、経済では欠かすことのできない重要な部分ね。大歓迎よ」

せっせとメモしていたジェヨンが顔を上げ、発言したい、とナ先生に目で合図した。

「次はジェヨン、どうぞ」

「私は政治哲学者になりたいんです。子どものころ、ルソーについての本を読んで、公正性と社会正義に興味をもつようになりました。政治でも何でも、私たちの社会の根底には、経済のシステムが

関係していると思うんです。夢の実現に向けて、経済について学びたいです」

　ジェヨンが潑溂とした声で自分の夢を語った。

　「ありがとう。ジェヨンの言うとおりね。経済は私たちの暮らし全般に関わっています。さまざまな経済の問題を一緒に考えていきましょうね。まだ話を聞いていない人は誰だったかしら？」

　生徒を見回しながらナ先生が言うと、ジェジュンがクスクス笑いながら、自分を指さないでくれというジェスチャーで視線を避けた。先生と目が合ったソナが、少しもじもじしてから話しはじめた。

　「先生、私はこれという夢はないんです。生物と化学が好きで、去年までは医者になりたかったんですけど……まわりの医療事故の被害を見てから、その夢は消えました。今までは社会関連の科目には興味がなかったけれど、勉強してみるのもいいかなと思って、この部を希望しました」

　真剣な表情だった。

　「ソナは医者になりたかったけれども、違う分野にもちょっと興味がわいてきたのね！　ほかの分野に好奇心を抱くのはいいことだと思います。ところで、ジェジュンはあまり発言したくないのかな？　だったら、しなくても大丈夫ですよ」

　ナ先生がうなずきながら言った。

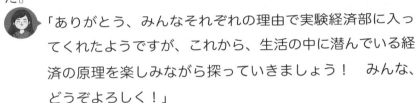

「僕はプログラマーになりたくて。実験経済部は母の勧めで入ったんです。『実験』って言葉にもちょっと惹かれてます」

ようやく勇気が出たのか、ジェジュンが頭をかきながら答えた。

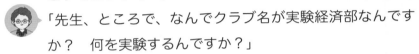

「ありがとう、みんなそれぞれの理由で実験経済部に入ってくれたようですが、これから、生活の中に潜んでいる経済の原理を楽しみながら探っていきましょう！　みんな、どうぞよろしく！」

「先生、ところで、なんでクラブ名が実験経済部なんですか？　何を実験するんですか？」

ジェジュンが聞いた。

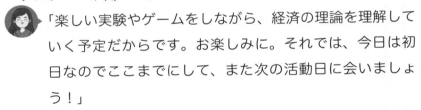

「楽しい実験やゲームをしながら、経済の理論を理解していく予定だからです。お楽しみに。それでは、今日は初日なのでここまでにして、また次の活動日に会いましょう！」

第1章

選択の経済学

すべての経済の問題は
「選択」から始まる！

関連教育課程

社会

・中学校　公民的分野：私たちの暮らしと経済

・高校　公共：経済社会で生きる私たち

・高校　政治・経済：現代日本の経済、現代の国際経済

数学

・中学校　数学 1：1 次方程式の利用

・中学校　数学 3：関数 $y=ax^2$ のグラフ

・高校　数学 I：2 次関数の最大・最小

・高校　数学 II、III：関数の極限、微分法、導関数の応用

材料が「希少」であるほど
価格が上がります！

ピザ作りゲーム^(注1)に見る希少性の意味

「今日は授業の初日なので、みんなでピザを作ってみましょうか？」

ナ先生が楽しそうな声で言った。

「えっ？　ここでですか？　材料もオーブンもないのにどうやって焼くんですか？」

ギョンホが質問した。

「材料はここに全部そろっています。でも全員がピザを完成させるのは無理でしょうね。まずは2、3人ずつのチームに分かれて座ってみましょうか」

しばらくすると、チャンミン＆ギョンホ、ソナ＆ジェヨン＆ギュヒョン、シヒョン＆ジェジュンの3つのチームができた。ナ先生はカバンの中をがさごそして、小さな写真の束を各チームに1つずつ配った。

「うわ、お金だ！　見本って書いてなかったら、めちゃくちゃ本物そっくり！」

　教室のあちこちで、お札の束を見ながら生徒たちがひそひそと何かを言っている。

「これはピザの材料を買うとき用のお金です。2,500円ずつあるか確認してみて！」

「はーい、2,500円あります」

「では、今から先生が競売人になって、ピザの材料を1つずつ売っていきます。100円を最小単位にして、各チーム、希望購入価格を言ってください。いちばん高い額を提示したチームが落札になります」

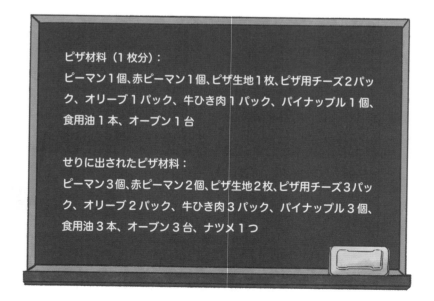

ピザ材料（1枚分）：
ピーマン1個、赤ピーマン1個、ピザ生地1枚、ピザ用チーズ2パック、オリーブ1パック、牛ひき肉1パック、パイナップル1個、食用油1本、オーブン1台

せりに出されたピザ材料：
ピーマン3個、赤ピーマン2個、ピザ生地2枚、ピザ用チーズ3パック、オリーブ2パック、牛ひき肉3パック、パイナップル3個、食用油3本、オーブン3台、ナツメ1つ

ナ先生は、ピザ作りに必要な材料を板書した。

 「みなさん！　競売人のナです。どうぞよろしく。まずルールを説明します。各チーム、予算内でピザを1枚、完成させなくてはなりません。黒板に書かれた『ピザ材料』をすべて競り落とせばピザが完成します。材料が1つでも足りないと完成しません。いいですね？　あ！　それからグループ間での材料の売買は禁止です！　必ずせりで材料を落札してくださいね。では、始めましょうか？　まずはピーマン！　さあ、ピーマン1個欲しい人、値をつけてください！」

 100円！
200円！
300円！

ピーマンを手に入れようと、生徒たちの声が大きくなる。

 以上でいいですか？　では、シヒョン＆ジェジュンのチームが落札です。

　ナ先生はピーマンの写真をシヒョン＆ジェジュンチームに渡して、300円を受け取った。

ピーマン１個、せりを再開します！
100円！
　……。
あとはいないようですね？　チャンミン＆ギョンホチーム
が落札！

　ナ先生はピーマンをチャンミン＆ギョンホチームに渡し、100
円を受け取った。残りの１個のピーマンもソナ＆ジェヨン＆ギュ
ヒョンチームに100円で落札され、牛ひき肉、パイナップル、食
用油、オーブンは、それぞれ100円で３チームに落札された。

次は赤ピーマンです。２個だけですね！　激しい競争にな
りそうですが。さあ、赤ピーマン１個、せりを始めます。
400円。
5……！

　せり値が100円ずつ上がって、ソナが「500円」と叫ぼうとし
たとき、隣にいたジェヨンがあわてて止めた。ナ先生は、手を挙
げた生徒がもういないか見渡してから、にっこり笑った。

500円は本当にいませんか？　では、400円でチャンミ
ン＆ギョンホチームが落札です。赤ピーマン、もう一度せ
りにかけますよ！

100 円ずつ、せり値がみるみる上がっていった。シヒョン＆ジェジュンチームが 500 円をつけたとき、まわりがしんとなった。

 最後の赤ピーマン、欲しいチームはいないですか？
 （手を挙げて）600 円！
 ソナ、高すぎるよ！
 今回買えなかったら、ピザを完成させられなくなるのよ！
 600 円が出ましたね。もういませんか？
（大あわてで）700 円！
じゃあ、こっちは 800 円！！

2 チームの激しい争いに、みんなが固唾を呑む。

 900 円！
1,000 円……！

ナ先生がシヒョンのほうを見ると、シヒョンは首を横に振った。

 最後の赤ピーマンは、ソナ＆ジェヨン＆ギュヒョンチームが落札です！

オリーブ 2 パックは 200 円と 300 円で、ピザ生地 2 枚は 300

円、200 円で競り落とされた。あとはピザ用チーズとナツメだけが残った。ここまでに、すべての材料を購入したチームは、チャンミン＆ギョンホ、ソナ＆ジェヨン＆ギュヒョンの２チームだった。

 ピザ用チーズは３パックありますが、黒板にあるとおり、ピザ１枚にチーズは２パック必要なのはわかってますね？　では、始めましょうか。

 200 円！

 300 円！

400 円！

500 円！

ナ先生がギョンホを見ると、ギョンホは首を横に振った。

 では、ピザ用チーズ、500 円で落札です。今度は２パック目のチーズです！

 100 円！

 200 円！

ナ先生がソナのほうを見た。

 もうお金がありません。

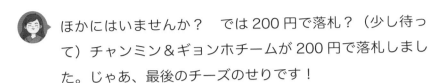 ほかにはいませんか？　では200円で落札？（少し待っ
て）チャンミン＆ギョンホチームが200円で落札しまし
た。じゃあ、最後のチーズのせりです！

 100円！

ギョンホが叫んだあとは、誰の声も聞こえてこなかった。

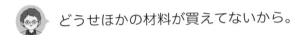 どうせほかの材料が買えてないから。

最後のピザ用チーズもチャンミン＆ギョンホチームに渡った。

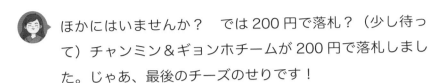 それでは、最後にナツメです！　あら！　たった1つし
かないのに、本当に誰も買わないんですか？

どのチームもナツメを買おうとはしなかった。

ピザ作りゲーム

ピーマン　100円	ピーマン　100円	ピーマン　300円
赤ピーマン　400円	赤ピーマン　1,000円	牛ひき肉　100円
ピザ生地　200円	ピザ生地　300円	パイナップル　100円
ピザ用チーズ　200円＋100円	ピザ用チーズ　500円	食用油　100円
オリーブ　300円	オリーブ　200円	オーブン　100円
牛ひき肉　100円	牛ひき肉　100円	
パイナップル　100円	パイナップル　100円	
食用油　100円	食用油　100円	
オーブン　100円	オーブン　100円	

資源の希少性、
ナツメは1つしかないのに、なぜ安いのか？

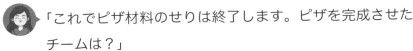「これでピザ材料のせりは終了します。ピザを完成させた
チームは？」

「はい！」

チャンミンとギョンホが立ち上がり、ハイタッチしながら叫ん
だ。

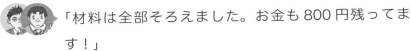「材料は全部そろえました。お金も800円残ってま
す！」

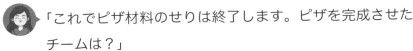「チャンミン＆ギョンホチームはチームワークがいいわ
ね！　おめでとう」

ナ先生は優勝賞品として2人にノートを1冊ずつ手渡した。

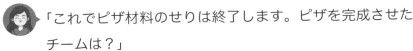「それにしても、みんな、不思議に思わない？　ナツメは
1個しかないのに、なぜ誰も買わなかったんでしょうね？
それに牛ひき肉とチーズはどちらも3パックずつあった
のに、チーズのほうが高く売れたのはなぜ？」

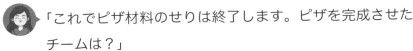「うーん……だってナツメはピザに必要ないから、誰も買
わないんじゃないですか」

シヒョンが言った。

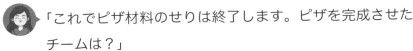「牛ひき肉、ピーマン、オーブンは、各チーム1つずつ必
要なところ、ぴったり3チーム分あったから。それで最
小単位の100円で買えるんです。それなのに最初にピー

マンを高く買ったシヒョンのチームはバカですよね」

ギョンホがシヒョンを見ながら言った。

「おい、なんだって？」

シヒョンとジェジュンが同時にギョンホをにらみつけた。

「おっと、バカは取り消す！　けど、ピーマンが 100 円で
買えたってのは本当だろ？」

ギョンホが勝ち誇った様子で言った。

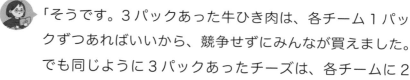「そうです。3 パックあった牛ひき肉は、各チーム 1 パッ
クずつあればいいから、競争せずにみんなが買えました。
でも同じように 3 パックあったチーズは、各チームに 2
パックずつ必要だから、競争になっちゃって、どうしても
高くなります。残りのチーズ 1 パックは、ライバルがい
ないから 100 円で売れたということです」

ジェヨンが手帳のメモを見ながら答えた。

「そうね、よく理解しましたね。じゃあ、赤ピーマンはな
ぜ高く売れたのかしら？」

「それも数が足りないからです。赤ピーマンは 2 個しかな
いのに、3 チームとも買わないといけないから！　それで
私、高い値をつけてでも買おうと思ったんです」

ソナがそう言った。

「さすがは実験経済部、みんな初回からすばらしいわね。
ところで、『希少』という言葉を聞いたことはある？」

「あります、希少というのは少ないってことですよね？」

ギュヒョンが答える。

「うーん、半分だけ正解ね。ナツメは1個しかなかったけれど、買おうとする人はいませんでしたね。この場合は希少とはいいません。でも、赤ピーマンやチーズは、ナツメより数があったのに、みんなが欲しい分がなくて足りませんでした。こういう場合を希少といいます。『希少性』ですね」

「そっか、つまり希少性というのは『欲しい量と比べて足りない状態』をいうわけですね」

ナ先生の話をジェヨンがまとめた。

「ジェヨンの言うとおりです。希少というのは、絶対的な量が少ないというのではなく、欲しい量に対して足りない場合を指します。不足の程度が大きいほど、希少性は大きくなります。お金や時間、いろいろな資源が不足することなく、たっぷりあればいいけれど、そうではありませんね。これを『資源の希少性』といいます。だから私たちは『選択』をしないといけない場合が多いのです。これがあらゆる経済の問題のスタートラインともいえるんですよ！さあ、それでは次の時間は、資源が不足した状況で、どんなふうに頭を働かせて選択ができるか、つまり選択の仕方について見てみましょう。今日はここまで！」

02

人生はＢとＤのあいだのＣだ

遊園地ゲームを通じて理解する便益と機会費用

「私たちの人生は、ＢとＤのあいだのＣなのです！」

ナ先生の突拍子もない言葉に、生徒たちはあっけにとられたように先生の顔を見つめた。

「Birth と Death のあいだの Choice ！　私たちの人生は、選択の連続だということです。ジャン゠ポール・サルトル（Jean-Paul Sartre）というフランスの哲学者の言葉です。今日のテーマは、まさしくこの『選択』です！」

「僕たちの人生が選択の連続っていうのは、たしかにそのとおりですね。お昼にジャージャー麺を食べるかハンバーガーを食べるか、ちょうど悩んでたところなんですよ！」

「コイツはいっつも食べることばっかりなんです。僕は今日の自習時間、英語を勉強するか、数学にするか、選択の岐路に立ってました！」

ギョンホの発言に、チャンミンがふざけてやり返した。

「何かをするとき、選択が必要な場面がたくさんあります よね。何を食べるか、何を先にやるか、休みにどこに行く か……。もし私たちにお金や時間、資源が無限にあったら どうなると思う?」

「選ぶ必要がなくなりますね。全部やったらどうですか」

ギュヒョンが言った。

「そうね。前回、ピザ作りゲームで、欲しいけれども足りな い資源、つまり希少性のせいで選択を余儀なくされるとい うことがわかりましたね。では、何かが足りない状況にあ るとき、私たちはどんな基準で選択すればいいのでしょう。 そして、どうすればその結果に後悔しないですむのでしょ う。それが今日のテーマです」

「えっ、じゃあ今日は勉強だけですか? ゲームはナシで すか?」

シヒョンががっかりしたように言った。

「まさか。全員、遊園地の売店のオーナーになってもらう わよ」

「やった、オーナーだって!」

「じゃあ、今日もチームに分かれて座りましょうか」

今回は、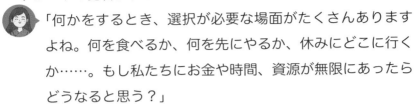 ギョンホ&ジェジュン、 ジェヨン &ソナ、 チャンミン&ギュヒョン&シヒョンとい うチームに分かれて座った。

売上額と利潤から、
遊園地にどんな飲食店を出すか？

ナ先生は各チームに1枚ずつプリントを配りながら言った。

「これは遊園地の地図です。アトラクションとアトラクションのあいだの空いているスペースが4カ所ありますね？　ここに飲食店をオープンするのが今日のミッションです」

「あ、ここだ！　ジェットコースターの隣、メリーゴーラウンドの隣にもある」

ジェジュンが地図をじっくり見ながら言った。

「飲食店は各スペースに1店舗ずつです。オープンさせたいお店はこの中から選びます」

ナ先生はお店を掲載したプリントを各チームに配った。表には「マンナチキン」「こってりジャージャー麺」「ナポリピザ」「ヤープルコギ」が、裏面には「ピリ辛トッポッキ」「スイートデザート」「辛餃子スープ」「MEX TACO」と、お店の名前が印刷されていた。

「表裏、両方でお店は8つあります。その中から4つ選んで遊園地の地図に貼りつけます。適当に選んでしまっては実験経済部ではないわよね？　そこで先生が事前に市場調査をしておきました。各店の週の売上予想額と運営のための経費はこちらの表を参考にしてみてください」

飲食店の売上予想額と経費

飲食店	売上額	経費	利潤	飲食店	売上額	経費	利潤
マンナチキン	40万円	10万円		ピリ辛トッポッキ	35万円	3万円	
こってりジャージャー麺	42万円	12万円		スイートデザート	40万円	5万円	
ナポリピザ	30万円	5万円		辛餃子スープ	34万円	10万円	
ヤミープルコギ	48万円	18万円		MEX TACO	38万円	7万円	

ナ先生は教室のスクリーンに表を映し出した。

「カラフルな表ですね」

シヒョンが言った。

「色分けしたのには理由があります」

「あれっ、『マンナチキン』の裏に『ピリ辛トッポッキ』が印刷されてる！『こってりジャージャー麺』の裏には『スイートデザート』があるし。同じ色同士で両面になってますね。先生、これじゃあ、好きなように選べませんよ」

ギュヒョンが驚いたような顔で言った。

「同じ色の２つのお店から１つを選びます。何かを選ぶときは、何かをあきらめなければなりません」

「売上額？　経費？　聞いたことはありますけど、正確な意味がわかりません」

ジェジュンが頭をかきながら言った。

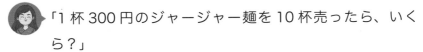「1杯300円のジャージャー麺を10杯売ったら、いくら?」

「そりゃ3,000円ですよ」

「それが売上額です。ある商品の売上額は『価格×販売量』で計算できるわね。じゃあ、ジャージャー麺を10杯売ったら、3,000円がそのまま利益になるでしょうか?」

「違います。ジャージャー麺を作るには、小麦粉や豚肉も必要だし、店員がいれば給料も払わないと」

「そのとおり。経営にかかる費用、すなわち『経費』を引いて初めて純粋な利益が求められます。売上額から経費を

引いた純利益を『利潤』といいます」

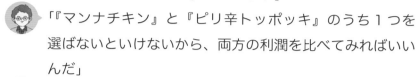「『マンナチキン』と『ピリ辛トッポッキ』のうち1つを選ばないといけないから、両方の利潤を比べてみればいいんだ」

「それでは、チームごとに、どの場所にどのお店を配置するか決めてみましょうか。ではスタート！」

教室のあちこちから相談する声が聞こえてきた。

「まず利潤を計算してみようぜ。各店の予想利潤！」

「そうだな、僕があの表に書いてくるよ。先生！　パソコン使ってもいいですか？　利潤を計算して表に書き込みた

飲食店の予想利潤

飲食店	売上額	経費	利潤	飲食店	売上額	経費	利潤
マンナ チキン	40万円	10万円	30万円	ピリ辛 トッポッキ	35万円	3万円	32万円
こってり ジャー ジャー麺	42万円	12万円	30万円	スイート デザート	40万円	5万円	35万円
ナポリ ピザ	30万円	5万円	25万円	辛餃子 スープ	34万円	10万円	24万円
ヤミー プルコギ	48万円	18万円	30万円	MEX TACO	38万円	7万円	31万円

いんです」

ジェジュンとギョンホが計算して、表を完成させた。

「黄色のセルでは『ピリ辛トッポッキ』を選ぶのがよさそうだな。『マンナチキン』のほうが売上額は多いけど、経費まで考えると『ピリ辛トッポッキ』のほうが利潤は多いだろ。オレンジのセルでは『スイートデザート』！」

「ジャージャー麺のほうが惹かれるけどなあ」

「おい、儲かるかどうかだよ！　おまえの好みに合わせてやるんじゃないんだから。ジャージャー麺は家でたらふく食ってくれよな」

ギョンホとジェジュンは利益を最大限にする方向で飲食店を1つずつ決め、遊園地の地図に貼った。ナ先生は、真剣に話し合っているジェヨン＆ソナのチームにそっと近づき、話に耳を傾けた。

「場所をどこにするかも大事じゃないかなあ」

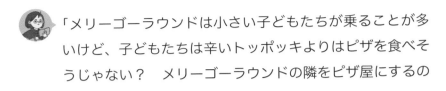

「メリーゴーラウンドは小さい子どもたちが乗ることが多いけど、子どもたちは辛いトッポッキよりはピザを食べそうじゃない？　メリーゴーラウンドの隣をピザ屋にするのはどう？」

「そうだね、そうしよう。だけど、どのセルも儲けが多いお店ばかり選んだら、大人が好きそうなメニューがなくなっちゃったね。トッポッキ、デザート、ピザ、タコス、全部、小さい子とか私たちみたいな中学校の生徒が好きそうなメニューばっかりじゃない？　プルコギとか辛餃子スープみたいな、大人が喜ぶメニューのお店も一軒くらいないとダメだよね？」

「そうそう。予想利潤を優先してお店を選んだけど、長期的に見て、大人向けのメニューも1つくらいないと、親子連れで来てもらえなくなっちゃうもんね」

そのときナ先生が思わず口をはさんだ。

「あら、とてもいい話し合いをしていますね！　先生はどの場所にオープンしても売上額と経費は同じにしたけれど、実際はそうとは限らないわね」

「そうなんです。アトラクションごとにそれぞれ特徴があるから。それで、私たちは子どもたちがよく乗るメリーゴーラウンドの隣に『ナポリピザ』を置こうと思ってるんです」

「ジェットコースターに乗るのは、私たちみたいな中学生

や若い人たちが多いから、私たちが大好きなメニューのお店をその隣に置いたらどうかなと思ってます。でも、チキンとトッポッキのどっちがいいか決まらなくって……。両方とも大好物だから、どっちをあきらめるべきか迷います」

ソナの言葉に、ジェヨンが質問を投げかけた。

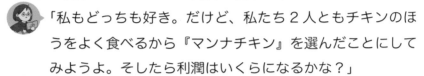

「私もどっちも好き。だけど、私たち2人ともチキンのほうをよく食べるから『マンナチキン』を選んだことにしてみようよ。そしたら利潤はいくらになるかな？」

「売上額40万円から経費を差し引いても30万円稼げるね。利潤がそのくらいなら十分商売になるんじゃない？」

「ソナ！　そこだけ考えちゃダメよ。あきらめたほうのことも検討しなくちゃ！」

ジェヨンがちょっと得意げに言った。

「あきらめたほう？　ああ、トッポッキ？」

そう答えたソナに、ジェヨンは指でOKサインをしてみせた。

「たった今、ソナとジェヨンがとても大事なことを話していましたね」

「僕たちもチキンとトッポッキで大いに迷ってたんです」

ナ先生の発言を聞いて、隣のチームのシヒョンがそう言った。

「みんな『マンナチキン』と『ピリ辛トッポッキ』で迷ったのね」

実験経済部の全員がうなずいた。

「よりによってとっても好きな二大メニューがペアになったから、しかたなく片方をあきらめなくちゃならないんです」

「そうですね。私たちの暮らしの中にも、こういう選択の場面がよくあると思います。そんなとき『あきらめるものの価値』も一緒に検討することが必要になるんです」

機会費用、
目に見えない費用も含まれる！

「あきらめるものの価値ですか？」

「ここでは『ピリ辛トッポッキ』を選んだときの利益が、あきらめたものの価値ですよね？」

シヒョンとソナが続けて発言した。

「そうです。選ぶ基準は人によって違うだろうけれど、今回のゲームでは利潤を第一に考えて選んでみましょう。ジェヨンの言うとおりに『マンナチキン』を選んだ場合、40万円の売上額から経費の10万円を差し引いて30万円の利潤が残りますね。それは合理的な選択といえるのでしょうか？」

「いえません！『ピリ辛トッポッキ』を選んでいれば、利潤は32万円だったんですから」

ジェヨンが元気な声で言った。

「あら、よくわかりましたね。私たちが費用を考えるとき、目に見える費用、つまり自分が実際に使ったお金だけに目が行きがちです。けれど、いくつかある中から１つを選んだということは、ほかの何かをあきらめたということでもあるわよね。そのうちの最もお得なものの価値も含めるというのが、経済学的な費用の概念になります。このように、目に見えない費用も含めた経済学的な費用のことを『機会費用』と呼びます」

「機会費用？ 機会を諦めたという意味で機会費用ってこと？」

　ナ先生の説明を聞いて、ジェヨンは誇らしそうな顔になり、ギュヒョンは機会費用という用語に興味を示した。

「チキンのお店を選んだことでトッポッキはあきらめましたよね。トッポッキを選んでいたら32万円の利潤があったかもしれないので、このケースの機会費用は32万円ということになります。今回、チキンを選んで30万円の利潤を得たということは、経済学的に考えると２万円の損失ですよね。チキン店を開業した場合の『経済学的な利潤』はマイナス２万円です！『売上額－経費』の30万円というのは、あくまでも『会計的な利潤』であり、経済においては経済学的な利潤のほうが重要なのです」

「えっと……何かちょっと難しいな」

「聞き慣れない用語だから、そう思うのも無理はありませ

んね。じゃあ、今日はこれだけ覚えてください。あらゆる
選択には代価がつきもの！　選択するときはあきらめるも
のの価値も見よう！」

「『タダ飯はない』ってことわざを聞いたことがあるけれ
ど、それとどこか似てますね！」

ソナが言った。

「そうね、『フリーランチ』なんてものはないのよ。それで
は、今日はここまで！」

「先生、チキンごちそうしてくださいよ。
すっごく食べたい！」

　生徒たちのおねだりに負けて、ナ先生は実験経済部のみんなと
一緒にチキン店に向かった。

埋没費用、
無視してしまおう！

　運ばれてきたばかりのアツアツのチキンを前に、生徒たちがよ
だれを垂らしそうな顔をしていると、ナ先生がまた突拍子もない
質問をした。

「左側にあるチキンは、お店のオーナーが取引先から特別
価格の400円で仕入れた鶏で作ったものなんですって。
お店に戻ってきたオーナーは、特別価格の鶏をもう少し買
おうとして、また取引先に向かったんだけれど、もう売り

切れだったの。それで同じ鶏なんだけれど、右のほうのチキンは800円で仕入れた鶏で作ったそうよ。みんな、どっちのチキンを食べたい？(注2)」

「えっ？　ホントの話？」

「ウソに決まってるじゃん。僕はどっちでもいいです。だって同じチキンですよね」

チャンミンの反応にギョンホが突っ込みながら言った。

「おお、ギョンホは『埋没費用』を無視できるのね」

ナ先生が言った。

「え？　埋没費用？」

「チキンを選ぶとき、材料の鶏をいくらで仕入れたかは重要じゃないの。400円で仕入れていようと800円で仕入れていようと、すでに支払われている費用だからです。今の選択では回収できない費用を埋没費用といいます。何かを選択するとき、埋没費用を考慮する必要はありません」

「まあ、当然のことですよね」

ギョンホが答える。

「当然なんだけど、人ってときどき埋没費用のせいで合理的な選択ができなくなることがあるでしょう？　先生にもそんなことがありました。以前、オペラの公演チケットがあったのに、公演当日に風邪をひいちゃったのよ。当日だと払い戻しもできないから、チケットがもったいなくて観に行ったわ。そしたら、無理をしたせいで症状がひどくな

っちゃって……。オペラの上演中もずっと咳をがまんしていたから、ちっとも集中できなかったの」

「そうか、そのチケット代が埋没費用ってことなんですね！　その日、先生は家で休んでいたほうが便益が大きかったのに、もったいないと思って埋没費用を無視できなかったんだ」

「バイキングで、元を取ろうと無理して食べるのも、埋没費用にこだわった行動ですね。お金を払ってるんだから食べないともったいないとか言って、もう満腹なのに食べつづけて、結局おなかをこわしちゃう。僕にもそんな経験があります」

ジェヨンとチャンミンがそう話した。

「これから選択するときは、埋没費用は無視しましょう！　さあ、チキンを食べましょうか」

ナ先生が声をかけると、みんなは大きな声で「いただきます！」と叫んで、すぐにチキンに手を伸ばした。

数学的思考をプラスしよう①

・経済学の概念：合理的選択、機会費用、埋没費用、便益
・数学の概念：比と比例、パーセント

**Q 1　シションはコンサートのチケットをいくらで売ればいいで
しょうか？**

　　好きな歌手のコンサートチケットを5,000円で購入して
いたシションは、当日になって急用ができ、コンサートに
行けなくなりました。急いでチケットを買ってくれる人を
探すと、ソナが買ってくれると言います。チケットを送る
バイク便代、1,000円はシションが負担します。シション
が合理的選択をする人だとすると、いくら以上なら取引に
応じるでしょう？（バイク便を利用する労力と時間は考え
ないことにします）

　シションはすでにチケットの支払いをすませているので、チ
ケット代は回収できません。5,000円は埋没費用というわけです。
そのため、バイク便代の1,000円より少しでも高い価格で買う人
がいるなら、取引に応じるのが合理的です。もちろん、バイク便
を利用するための労力と時間も考慮するなら、それに見合った価
格を上乗せするべきでしょう。

Q2　ジェジュンが1年間タブレット PC を使ったことに対する機会費用はいくらでしょう？

　　ジェジュンは年の初めにタブレット PC を 10 万円で購入し、1 年間オンライン授業用に使って、年末に 5 万円で売りました。もし、タブレット PC を買っていなかったら、そのお金は、年 2 パーセントの金利で銀行に預金していたと言います。ジェジュンが 1 年間、タブレット PC を使ったことに対する機会費用はいくらでしょうか？

- -

　ジェジュンが 1 年間、タブレット PC を使用するのに実際に使ったお金（明示的費用）は 5 万円です。ですが、タブレット PC を購入する代わりに、購入費用の 10 万円を銀行に預けていたら、2,000 円（10 万円 $\times \dfrac{2}{100} = 2{,}000$ 円）の利息収入（目に見えない費用）が発生したと考えられます。そのため、機会費用は 5 万 2,000 円になります。

チョコレートパイは、なぜ1個目が いちばんおいしいのか？

日常でもよく見かける限界効用逓減

 「チョコレートパイ欲しい人ー？」

　手に持ったチョコレートパイを振りながら、ナ先生がみんなに 聞いた。ちょうどおなかが空いていた実験経済部の生徒たちは、 手を挙げながら叫んだ。

 「ハイ！　ハイ！」

 「じゃあ、公平に全員でジャンケンして決めましょうか？」

　接戦の末、勝ったのはジェジュンだった。

 「ジェジュン、前に出てきてチョコレートパイを食べても らっていい？　もう十分って思うまで食べてもらってかま わないから」

　チョコレートパイを受け取ったジェジュンは、あっという間に 1個平らげた。

 「チョコレートパイを食べたときの満足度は、最高で10

点とすると何点になる？」

ナ先生が質問した。

「10 ではないけど、9 点くらいかな？」

「ありがとう、じゃあ、もう 1 個食べてみて」

　もう 1 個手渡されたジェジュンは、2 個目のチョコレートパイもすばやく平らげた。

「今度は 8 点！」

　こんなふうにして、チョコレートパイを食べては満足度を答えることを繰り返した。食べた数が増えるほど、食べるスピードは落ちていった。

「ジェジュン、おなかいっぱいなら、もう食べなくていいのよ」

　心配するナ先生の言葉に、ジェジュンは「まだ食べたいです」と、チョコレートパイをもう 1 個手に取った。

「もう 5 個目だよ！」

　みんなは驚きながらジェジュンが食べる様子を見守っていた。今度は水を飲みながら、むりやり押し込んでいるようだった。

「ウエッ、先生、もう満足度ゼロです。もういりません。これ以上食べたら吐きそうです」

　5 個目を最後に、ジェジュンは食べるのをやめた。ナ先生は、ジェジュンがチョコレートパイを食べていたときの満足度を表にまとめた。

「みんな、この表を見て何がわかる？　表から規則性を探

チョコレートパイの消費による満足度

チョコレートパイの数	1	2	3	4	5
1個追加による満足度	9	8	6	3	0
総満足度	9	17	23	26	26

してみましょうか」

「だんだん満足度が下がっていきました」

「最初のチョコレートパイを食べたときは満足度が9だったのに、5個目のときは0になっていますね。チョコレートパイ1個を食べて得られる満足度は、だんだん減っていきます。仮に、一日中何も食べていない人が夜になってやっと食べたとしたら、1個目は味わう余裕なんてないかもしれません。その場合は2個目、3個目のほうがおいしく感じられるかもしれませんね。だけど、だんだんとおなかが満たされると、追加される1個に対する満足度は減っていくでしょう。これを経済学者は『限界効用逓減の法則』と呼んでいます。限界（marginal）は追加される1単位という意味で、効用（utility）は、消費による満足度を意味します。追加される1単位によって高まる満足度は、結局、しだいに下がっていくという意味です」

「だからバイキング形式のレストランはつぶれないってことか！　お客さんはどこかで限界効用を感じて食べるのを

　　やめるから、食べる量を制限しなくてもいいんだ」

ギョンホが大きな声で言った。

「よく理解できましたね。では、限界効用がどれくらいに

なるまで食べれば、総満足度が最大になるでしょう？」

「それは 0 に決まってますよ。そんな当たり前のことを聞

くんですか？」

チャンミンがしたり顔で答えた。

「そうね！　チョコレートパイを１個食べたときの満足度は、食べた数が増えるにつれて逆に下がっていきますが、追加される満足度がプラス（＋）であれば、総満足度は高まりつづけます。追加される満足度がなくなるまで、つまり限界効用が０になるまで食べると、総満足度が最大になるのです。これをグラフにしてみましょうか？」

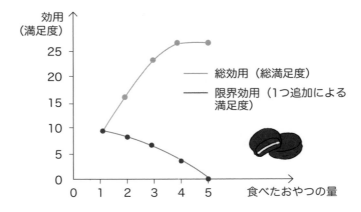

総効用と限界効用

「追加される１つに対する満足度の変化と、総満足度の変化の関係を見てみると、理科の時間に習った加速度と速度の関係と似ているのに気づきませんか？　速度は、加速度が落ちていってもだんだんと上がっていきますよね。加速度がプラス（＋）なら、プラスの程度は減ったとしても速度自体は上がっていくものだからです。『プラスで始ま

った加速度がしだいに低下する。速度はいつ最高になる
か？』という問いの答えが『加速度がゼロのとき』なのと
同じですね」

「本当だ。科学と経済って似てるんですね！」

ソナが興奮した表情で言った。

限界効用逓減の法則、
ラーメンのマーケティングにも潜んでいる？

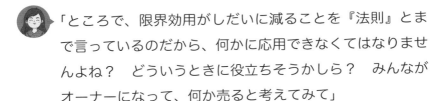
「ところで、限界効用がしだいに減ることを『法則』とま
で言っているのだから、何かに応用できなくてはなりませ
んよね？　どういうときに役立ちそうかしら？　みんなが
オーナーになって、何か売ると考えてみて」

全員、ぽかんとしてナ先生を見つめた。

「スーパーでこの法則を使った価格を見たことない？」

しばらくしんとしていたが、ソナが叫んだ。

「あっ、わかった！　インスタントラーメンです！　ラー
メン1袋は100円だけど、10袋入りだと700円、って
いうふうに売りますよね。これが限界効用逓減の法則を適
用したものですね」

ソナは黒板の表（50ページの表）を指しながら言った。

「その表に書いてある満足度に10を掛けて、満足度を貨
幣価値で表すとします。ジェジュンが最初のチョコレー

トパイを食べて得られた満足度の9を貨幣価値に換算すると、90円になります。ジェジュンはチョコレートパイを1個買うとき、90円までは支払う意思があるということです。もし、チョコレートパイの価格が1個あたり90円なら、ジェジュンは1個しか買わないでしょう。2個食べたときの総満足度は170円分なのに、2個買ったら180円払わないといけなくなるから。ジェジュンにチョコレートパイを2個売るには、1個あたり85円にしないといけないと思います。もうちょっと工夫して、1個買ったら90円、2個買ったら170円というふうに売ることもできますね。3個入りは230円、4個入りは260円。『本日のセール！　4個お買い上げで1個おまけ！』なんてふうにも売れます。ちょっとお得な気分になりますよね？　人の心理を利用したマーケティングとでも言うのかな」

「ソナの説明、本当にすばらしいわ！」

ナ先生が満足そうな表情で言うと、ギョンホがこんなふうに付け加えた。

「限界効用が逓減するので、まとめ売りの商品は1個あたりの価格が下がる！」

「そうね。まさにこんな感じで、日常でよく見かけるものにも限界効用逓減が取り入れられている例がたくさんあります。今後、みんなが商品の価格を決めることがあれば、

東京ディズニーランド　チケット価格表

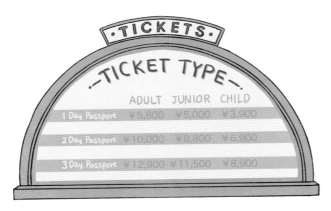

·TICKETS·			
-TICKET TYPE-	ADULT	JUNIOR	CHILD
1 Day Passport	¥5,800	¥5,000	¥3,900
2 Day Passport	¥10,000	¥8,800	¥6,900
3 Day Passport	¥12,900	¥11,500	¥8,900

この点を考慮に入れてくださいね」

ナ先生は教室のスクリーンに写真を1枚映し出した。

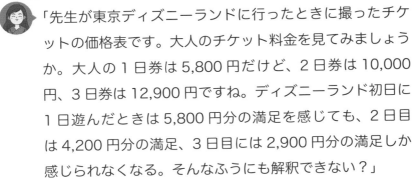

「先生が東京ディズニーランドに行ったときに撮ったチケットの価格表です。大人のチケット料金を見てみましょうか。大人の1日券は5,800円だけど、2日券は10,000円、3日券は12,900円ですね。ディズニーランド初日に1日遊んだときは5,800円分の満足を感じても、2日目は4,200円分の満足、3日目には2,900円分の満足しか感じられなくなる。そんなふうにも解釈できない？」

「先生ってば、遊びに行ったら、遊ぶことだけ考えてくださいよ。そんなときまで授業のことなんか考えて！」

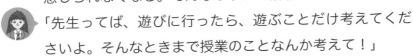

「ウフフ！　どこに行っても、経済学の法則が使われているものを探しちゃうのよね。では、今日はここまで！」

04

労働者が多くなると
生産量も増えつづけるか？

紙飛行機工場の実験^(注3)に見る限界生産力逓減

「みんな、元気だった？　さあ、席に着いてね！」

ナ先生のはしゃぎ気味のあいさつに、実験経済部の生徒たちは
照れくさそうに返事をしながら、1人2人と席に着いた。

「さて、今日は飛行機工場に変身！　ピュンピュンピュー
ン！」

ナ先生が大きな声で叫ぶと、生徒たちは冷めた目つきで先生を
見た。

「何もないのに、どこが工場なんですか」

ギョンホがいぶかしげな顔をした。

「ジャーン！　もちろんここに全部あるわよ」

教卓の下から大きな袋を取り出したナ先生がとぼけて言うと、
チャンミンがぶつくさ言った。

「僕たち幼稚園児じゃないんですよ。工場ごっこだなんて」

「やらなかったら後悔するわよ。まずはいくつかルールを決めてから始めましょうか！」

ナ先生は楽しそうにゲームのルールを説明した。

「みんなは今日、飛行機工場で働く労働者です。作業はこの机の上だけでやります。ほかの場所ではできません」

「1人用の机が工場ですか？」

「そうです、いろいろと作業をします。黄色いファイルは鉄鋼を運ぶトラック、A4の白い紙は鋼鉄、ハサミは鋼鉄を切断する道具です」

「かごは何ですか？」

「あら、忘れてた。かごは飛行機の検収場になります。飛行機を作ったら、そこに置いてください」

「道具と材料はいくつずつあるんですか？」

静かに説明を聞いていたソナが質問した。

「いい質問ですね。道具、トラックは1つずつ、工場の机も1つです。飛行機の材料になる鉄鋼はたっぷりあるから、たくさん使っても大丈夫よ」

「で、飛行機工場の社長は誰なんですか？」

シヒョンの質問に、ナ先生はにやりと笑った。

「それはもちろん私よ。先生が社長兼、不良品を検収する係になります」

「うう……困った先生だな」

シヒョンは頭を左右に振りながらもゲームのルールを書き取っ

た。ナ先生は本物の社長になりきって、威厳のある声を出しながらプリントを配った。

「工場で働くみなさん、今お配りした設計図に従って、飛行機を作ってくださいね！」

「そんなことだろうと思った。折り紙の紙飛行機じゃないか！　僕、見なくたって作れますよ！」

チャンミンはさっそく、紙飛行機を折りはじめている。

「せっかちなそこの方！　残念ですが不良品です」

「えっ、なんでですか？」

ギョンホが眉を上げて聞き返した。

「設計図どおりに作らないとダメです。折ったその部分、これとちょっと違うのが見えませんか？　フォッホッホッ」

社長のマネがおもしろくなってきたナ先生はからかうように、設計図に描かれた飛行機の翼を指さして言った。

「この工場では規格が決まっています。A4の紙を縦横に切り、４等分してから使わないといけません。切るときは必ずハサミを使ってください。紙は一度に１枚ずつしか取り出せません。トラック（黄色いファイル）で運べるのは一度に紙１枚だけです。ルールを守らなければ最初からやり直しです」

「次に作り方の説明です。管理者のナ・ギョンホ君！　前に出てきて飛行機制作のデモンストレーションをしてくだ

実験経済部

さい」

　突然の指名にギョンホはぶつくさ言いながら前に出たが、す
ぐに本物の管理者のようにふるまった。

「社員のみなさん、ここに設計図がありますね？　このと
　おりに作ります」

　１ステップずつ進めるごとに、ギョンホは紙飛行機を持ち上げ
てみんなに見せ、そのとおりにできているか、見回りながら監
督した。

「そこ、ちゃんとやってくださいよ！」

　ふざけてチャンミンを叱ったりもした。

「ひどい管理者だなあ。そんなこと言うなら仕事しないか
　らな！」

「悪いな！　さて、もう１つ作業を追加しますよ。飛行機
　にも名前をつけてあげましょう。右の翼の端に『実験経
　済部』と書き込んでください。もう一度最初から、各自
　練習です。よくわからなかったら手を挙げて。黄色いフ
　ァイルからA4の紙を取り出して、まずはハサミで４等
　分してください！」

　ギョンホの指示に従いながら、全員が紙飛行機を作り終えた。

「できた人は、かごに入れてく
　ださい」

「検収に入ります。おっ、みな
　さん上手ですね。この感じで

やれば大丈夫です。次はもう少し早くできると思います
よ、ソナさん！　ホッホッ。少し上達するために 10 分
間、練習時間をあげましょう」

労働の限界生産力、総生産量を最大にするには、何人雇えばいいか？

全員が紙飛行機折りの達人になりかけたころ、ナ先生が言っ
た。

「では、準備ができたら始めましょうか。ここに 1 番から
7 番まで書かれた紙があります。1 枚ずつ引いてくださ
い」

みんなは、わけもわからず番号札を引いた。

「1 番の人？」

「はい！」

「チャンミンさん、工場（机）に行って、3 分間、飛行機
を作ってください。私が『スタート！』と言ったら始めて
くださいね。『終了！』の声が聞こえたら、すぐにやめて、
検収場（かご）にできあがった飛行機を入れてください」

「私たちは何をすればいいんですか？　ただ見てるだけで
すか？」

ソナが質問した。

「そう！　休んでいていいわ。最初の生産時間が終了した

ら、2回目の生産時間に2番を引いた人が、1番の作業者のチャンミンと一緒に飛行機を作ります。3回目の生産時間には、3番を引いた人がさらに加わって、というふうにやっていきます。7回目の生産時間には7人の人たちが作業することになりますね。7回とも作業時間は各3分です」

「3分を7回？　ずっと紙飛行機を折りつづけろってことですか？」

チャンミンが不満交じりに言うと、ナ先生はにやっと笑って言った。

「1番を引いた人の運命よ。あきらめてね」

「休んでいる人たちは、作業している人がルールをきちんと守っているか見張ってくださいね！　検収は社長である私が行います」

「さあ、それでは1番の人、工場に行ってください。準備はいいですか？　スタート！」

チャンミンは「スタート！」の掛け声と同時に、A4用紙を1枚取り出すと4等分に切った。いつものんびりしているチャンミンと同一人物とは思えなかった。みんな息を凝らして、チャンミンのすばやい手つきをじっと見つめた。紙を折る音だけが響いて3分。

「終了！」

一生懸命折ったにもかかわらず、完成したのはたった3つだっ

た。チャンミンは宝物に触れるように紙飛行機を検収場のかごに入れた。

「3機ともすべて通過！」

「さて、次は2回目の生産を始めます。2番の人は1番の人と一緒に工場に行ってください。2人には、どうやって生産するか相談する時間をあげます。相談が終わったら手を挙げてください」

　2番を引いたジェジュンはチャンミンと何やら真剣に話し合うと、準備ができたとナ先生に合図した。

「それでは、スタート！」

　ナ先生の掛け声と同時に、再び紙を折る音だけが教室に響いた。ジェジュンがまず紙を4等分して、チャンミンに渡す。紙を受け取ったチャンミンは、すぐに紙飛行機を折りはじめる。紙を4等分に切り終えたジェジュンも一緒に折り、飛行機が完成すると「実験経済部」のロゴを書き込んだ。

「終了！　はたして何機折れたでしょうか？」

　かごから飛行機を取り出し、検収するナ先生。

「8機！　1機はロゴがないので不良品扱いで、合計7機完成！」

「2人でやったほうがずっとうまくできるな。さすがはチームワーク！　これぞ分業の効果！」

　チャンミンが言った。ナ先生はまた次の生産時間の合図をした。3番手のジェヨンが急いで合流し、作戦を立てた。そしてカ

サカサと紙を折る音だけが聞こえて3分。

「おお！　今回は15機！　手分けしてやったほうが、やはり生産量が増えますね！」

4回目の生産時間にはギュヒョンが加わった。さらに3分が経過した。

「今度は、20機は軽く超えそうね。楽しみだわ」

ナ先生が検収し、結果を発表した。

「全部で18機！」

「あれっ、不良品もないのに18機？　うーん、分業の効果が落ちたのかな？」

生徒たちはざわついたが、ナ先生は再び次の生産時間を知らせた。今度は5番手のソナが加わったが、飛行機の生産量は20機で、たった2機しか増えなかった。6番手のシヒョンが合流し、生産した結果は21機。ラストバッターのギョンホが合流……したものの、なんと1機も増えなかった。

ナ先生は、2度軽く手を打ち鳴らした。

「はい、では席に戻って黒板を見てみましょうか！」

「最初は1人で紙飛行機を折って、3機生産しましたね。働き手を1人増やしたら7機できました。さらにもう1人追加したら、その前より8機も増えましたね。このように労働者を1人ずつ投入していくときに、増えた生産量のことを『労働の限界生産力』といいます」

ナ先生が黒板の結果表を見ながら、説明を続けた。

労働者数にともなう飛行機の生産量

	1回目	2回目	3回目	4回目	5回目	6回目	7回目
労働者数	1	2	3	4	5	6	7
飛行機総生産量	3	7	15	18	20	21	21
労働の平均生産力（労働者1人の平均生産量）	3	3.5	5	4.5	4	3.5	3
労働の限界生産力（労働者1人追加により増加した生産量）	3	4	8	3	2	1	0

「限界生産力は、最初は増加していますよね？　ところが4人目が追加で投入されたときからは、1人追加投入されたことにより増える生産量が減少します。労働の限界生産力が結局は減っているということです。なぜだかわかりますか？」

「最初はお互いに手分けしてやれたから、効率的に生産できたんです」

当然だと言わんばかりにジェヨンが発言した。

「そうですよ、分業の効果ですよ！」

そう答えたチャンミンに、ナ先生が質問した。

「だとしたら、なぜその後は、労働者を追加しても生産量が増えなかったんでしょう？」

「作業台が狭すぎたんです。紙を切るハサミも1つしかなかったし、スペースや道具の割に人が多すぎて、逆にじゃ

まになったりしたんです」

ソナがそつなく答えた。

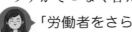「労働者をさらに追加していたら、どうなっていたでしょうね？」

「総生産量自体も減っていたと思います。さらに人が増えても、ただじゃまになるだけのような気がしたから。たぶん労働の限界生産力はマイナス（－）になっていたんじゃないでしょうか？　総生産量を最大にするには、労働の限界生産力が 0 になるときまでやればいいんだと思います」

「ジェヨンが数学的な分析までして、とてもうまく整理してくれましたね。これをグラフで表してみましょうか？」

ナ先生は黒板にグラフを描いた。

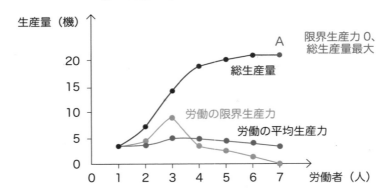

総生産量・平均生産力・限界生産力

「総生産量を最大値にするには、労働の限界生産力が０になるＡ地点までやればいいということですね。そのあとは総生産量自体が減少します」

ナ先生が言い終わると、すぐさまシヒョンが質問した。

「だけど、これはどこに使われるんですか？」

「いい質問ね。勉強したら応用しなくちゃね。どこで使えると思いますか？」

限界生産力の逓減、
科学でも説明できる！

「活用できるところはたくさんありそうですね。会社もお店も、人をどれだけ雇うか決めないといけないからです。私がもし教室くらいの広さの食堂を開いたとします。最初はスタッフを１人だけ雇いました。お客さんがどっと来

て 10 皿注文されたらてんやわんやになりそうです。料理が出てくるのが遅いとクレームが入るかもしれません。もう 1 人雇えば売上が倍以上になる気がしますが……お店の規模や厨房の設備は変わらないのに、そんなふうに人だけ増やしつづけると考えてみてください。一定の人数に達すると、狭いスペースで多くのスタッフが料理を運ぶようになり、いずれぶつかって転んでしまいます」

ジェヨンの論理的な説明に、みんな驚き感心した。

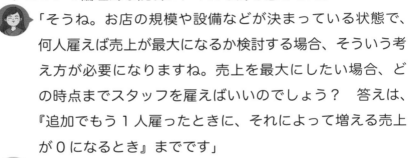

「そうね。お店の規模や設備などが決まっている状態で、何人雇えば売上が最大になるか検討する場合、そういう考え方が必要になりますね。売上を最大にしたい場合、どの時点までスタッフを雇えばいいのでしょう？　答えは、『追加でもう 1 人雇ったときに、それによって増える売上が 0 になるとき』までです」

「増員によって増える売上が 0 のときまでですか？　何かおかしくないですか？」

ジェジュンが首をひねりながら聞いた。

「これは科学でひも解いてみましょう。理科の時間に速度と加速度について習いましたよね？　それが紙飛行機工場の実験結果と似ていませんか？」

「あ、加速度は限界生産力と同じですね！　この前の授業で限界効用が加速度と似ていたのと同じだ！」

何かピンときたようにはしゃいで話すチャンミンを見ながら、

時間の経過にともなう速度　　　　労働力投入にともなう総生産量

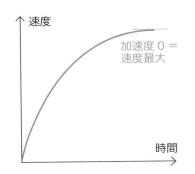

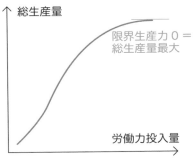

ギョンホがこう言った。

「加速度が落ちても速度は上がりつづけるように、限界生
産力が減っても、総生産量は増えるんですよね」

「わあ、みんなよくわかったわね！　それじゃあ、今度は
ほぼ0に近い水準で、ほんの少し時間が経過したと考え
てみて。このとき速度が上がる程度を表す瞬間変化率（加
速度）を速度のグラフから探してみましょうか？」

ナ先生は黒板にグラフを描きながら話を続けた。

「このグラフからわかるように、接線のカーブは加速度を
意味します」

ナ先生がグラフを指さした。

「ということは、『労働力投入量をほとんど0に近い水準
でわずかに増やしたとき、増加する生産量の〈限界生産
力〉は、総生産量のグラフの接線の傾きになる』というわ

けですね？　速度のグラフと総生産量のグラフの形が似て
いるし、チョコレートパイの実験の総効用グラフとも似て
います！」

　メモした内容を見ながらジェヨンが自信たっぷりに発言する
と、ナ先生は満足そうな顔で質問を１つ投げかけた。

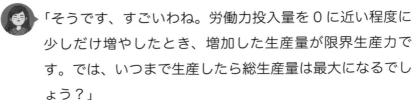

「そうです、すごいわね。労働力投入量を０に近い程度に
少しだけ増やしたとき、増加した生産量が限界生産力で
す。では、いつまで生産したら総生産量は最大になるでし
ょう？」

「限界生産力が０になるまでです！」

　ギョンホが指で０の形を作りながら、ぱっと答えた。

「間違いではないけど……それは総生産量がだんだん増え
ているときの話でしょう？　もし、総生産量が減少してい
たら話は変わってくるわ」

　ソナが黒板の前に出て、総生産量のグラフに曲線を付け足し
た。

「そうだね。限界生産力が『プラス（＋）の区間なら』限
界生産力が減っていっても総生産量は増加している。総生
産量を最大にするには、限界生産力がマイナス（ー）にな
る前の０まで生産すればいいってことよね？　加速度が
落ちても、プラス（＋）の区間では速度が上がりつづける
のと同じようにね」

　ジェヨンが落ち着いて説明を加えた。ソナはうなずきながら、

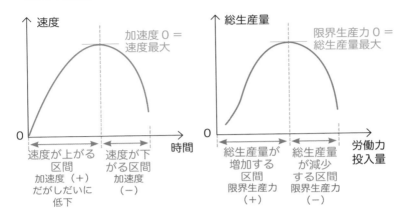

時間の経過にともなう速度　　労働力投入にともなう総生産量

さらに発言した。

「それは費用面でも同じことが言えるのかも。限界生産力
が最終的に逓減するということは、一定の単位の物を作る
のにかかる費用が増加するのと同じことだもんね」

意見を交わしあう生徒たちの様子を見守っていたナ先生が言っ
た。

「そのとおり！　あなたたち、本当にすごいわね！　それ
では、今日はここまでにしましょうか！」

・経済学の概念：限界効用、限界生産力、合理的選択
・数学の概念：接線の傾き、微分

Q1 最大の満足度あるいは生産量を得るには、どうすればいい でしょうか？^{（注4）}

　おやつの摂取量にともなう効用（満足度）関数、労働者数にともなう生産関数は、どちらも x の値が大きくなると y の値も大きくなる、増加関数です。ただし、追加される 1 単位の x にともなう y の変化量は小さくなる関数でした。ゆるやかなカーブを描く右上がりの曲線というわけです。満足度あるいは生産量が最大となる点を探しだすには、限りなく 0 に近いけれど 0 ではない、ごくわずかの水準で x を変化させたときの y の値の変化を確認しないといけませんが、これはグラフで見ると、接線（曲線にただ軽く触れるだけの直線）の傾きとして表れます。接線の傾きが 0 になる点で、y が最大値になり、満足度あるいは生産量が最大となります。効用関数では、限界効用が 0 になる点まで消費し、生産関数では限界生産力が 0 になる点まで生産すれば、満足度と生産量が最大になるというわけです。

●経済学の「限界」の概念である接線の傾きを数学では「瞬間変化率」または「微分係数」と呼び、これを求める過程を「微分」といいます。

限界効用0の地点での総効用

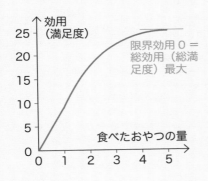

限界効用 0 ＝
総効用（総満足度）最大

限界生産力0の地点での総生産量

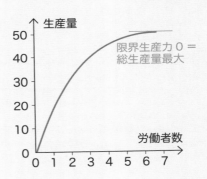

限界生産力 0 ＝
総生産量最大

Q 2 満足度や生産量が一定であるとき、限界効用と総効用のグラフはどんな形になるでしょうか？

. . . .

　直線の形、すなわち1次関数の形になります。1次関数の傾きは、$\dfrac{\text{yの変化量}}{\text{xの変化量}}$ といえます。ところが次の74ページのグラフのように、限界効用が一定の場合、総効用曲線の傾きは、$\dfrac{5}{1} = 5$ と一定になります。同一の速度で移動する場合に見られる、時間にともなう移動距離のグラフ（等速度運動）と似ていますね。

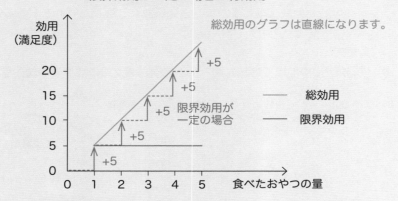

限界効用が一定の場合の総効用

効用
（満足度）

総効用のグラフは直線になります。

20

15

10

5

0

+5

+5

+5

+5

+5

限界効用が
一定の場合

総効用

限界効用

0　1　2　3　4　5　食べたおやつの量

●現実の効用関数は、たいていの場合ゆるやかな右上がりに
なると覚えておきましょう！

Q3　限界効用が徐々に増加すると、効用曲線の形はどう変化していくでしょうか？

　限界効用（接線の傾き）が徐々に増加すると、総効用曲線は次のグラフのように急カーブを描く形になります。消費量が増加するときに限界効用がだんだん大きくなるケースは、実際にはほとんどありません。しかし、中毒性があり、消費するほど1単位の消費による満足度が高まっていくのであれば、こうした形になることもあります。

　目的地まで移動するときの距離の変化量や、氷を室温で置いたときに解ける量など、時間の経過にともなう数値の変化を生活の中で見つけ出し、グラフにしてみてはどうでしょう？　グラフの

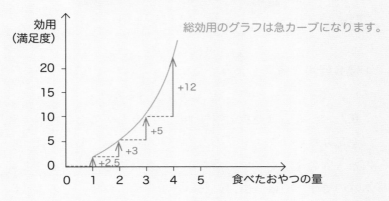

限界効用が徐々に増加するときの総効用

効用（満足度）

総効用のグラフは急カーブになります。

形を分析すれば、どの値がどれだけ増減するのか、増加していく
場合、増加の幅が大きくなるのか小さくなるのか、ということも
わかります。

　社会現象の中にこうした関係を見つければ、変化を予測するこ
とも可能です。さまざまな国の年度別GDPを調べてグラフにし
てみる、急激な成長を見せる新興国、成長スピードが鈍っている
先進国を調べて比較してみるなどすれば、未来を予測する目が養
われるかもしれません。

経済学の概念 ここがポイント！

選択の瞬間、これだけは考えよう！

①機会費用を考慮しよう

「ハンバーガーを食べるか、ピザを食べるか？」

　私たちの人生は選択の連続です。やりたいことに比べて資源が足りない「希少性」のためですね。それでしばしば「あのとき別の選択をしていたらなあ」と後悔したりすることもあるのです。では、悔いのない選択をするには、どのようにすればいいでしょうか？　答えは、「便益」と「機会費用」を同時に考えればいいということです。

　ある選択をして得られる満足のことを「便益」といいます。そしてその選択をすることであきらめた、別の機会を通して得られるはずだった便益を「機会費用」といいます。

　1つを選ばなくてはならない選択の瞬間に、私たちはいくつかの選択肢の便益と機会費用を比較します。そして、便益から機会費用を差し引いた純便益が最大になる選択を「合理的選択」というのです。

　たとえば、ギョンホのお母さんが100万円を持っているとします。ギョンホのお母さんはそれを預金するか、債券を買うか、株に投資をするか悩んでいました。預金は年2パーセント、債券は年2.1パーセントの収益が保証されていて、株の収益率は不確実でした。悩んだ末に、株に投資することに

76

し、1年経つと株を売って2万5,000円の差益が出ました。株式投資のために証券情報サイトの会員登録料として支払った5,000円を引くと、実質的な差益は2万円でした。さて、ギョンホのお母さんが株に投資したのは合理的選択だったのでしょうか?

　ギョンホのお母さんは、株式投資で元本を除いて2万円稼ぎましたが、株式投資をせずに債券を購入していたら2万1,000円儲けていたでしょう。株式投資で得た便益は2万円、機会費用は2万1,000円というわけですね。便益と機会費用を計算すると、1,000円の損失ということになります。

　選択するときは、便益とともに機会費用についても考えることを忘れないでください!

経済用語 ....

　希少性:欲求に対し、それを充足させるだけの資源が不足している状態

　機会費用:あるものを選択することであきらめたものの価値。あきらめたものがいくつもある場合は、そのうちの最も惜しいものの価値

　合理的選択:いくつもの選択肢のうち「便益-機会費用」が最大のものを選ぶこと

....

②限界的に選択しよう

　私たちが何かを選択するときには、特定の行動をするかどうかを決める場合（例えば、ケーキを食べるか食べないか）もありますが、あることをどの程度進めるかを決めなくてはならない場合も多くあります。たとえば、バイキングでどれくらい食べるか、お店のオーナーなら、スタッフを何人雇うかなどは、どのように選択すればいいのでしょうか？

　このような選択をするときはつねに、追加的な（additional）行動1単位の便益と費用に注目します。追加の行動1単位から生じる便益を「限界便益（marginal benefit）」、追加の行動1単位で生じる費用を「限界費用（marginal cost）」といいます。お店のスタッフをもう1人雇ったとき、発生する追加の利益が限界便益で、スタッフを1人追加することで増えた費用が限界費用です。さらに雇用するかしないか決めるときは、限界便益と限界費用を比較しなければなりません。

経済用語 ....
　限界便益：1単位の行動を追加するときに生じる、便益の増加分
　限界費用：1単位の行動を追加するときに生じる、費用の増加分

....

③限界生産力の逓減と規模の経済について知っておこう

　紙飛行機工場の実験で、ほかの生産要素はそのままで、労働者数だけを増加させたら、労働者1人の追加で増加する生産量はしだいに減少しました。このように1つの生産要素だけを投入するとき、生産要素が1単位追加されて増える生産量がいずれ減少することを「限界生産力の逓減」といい、限界生産力が0になったとき、総生産量は最大になるとお話ししました。企業の社長なら、何人雇うか悩むときは「労働の限界生産力」を考慮することが大切です。

　もしも、いくつもの生産要素が一挙に増えるとしたらどうでしょう？　実験経済部の紙飛行機工場では、1人用の机ですべての作業をしなければいけませんでしたが、作業スペースを広げ、機械を追加し、労働者も増やすとしたら？　生産規模が大きくなれば一般的に紙飛行機1機あたりに投入される生産コストが減少します。10機作っていたものを100機作ることになると、コストは10倍ではなく、7〜8倍の増加ですみます。狭くても同時に作業をこなせる設備もあるでしょうし、生産規模が大きくなれば、分業も細分化され、技術力やノウハウも蓄積されるでしょう。これを「規模の経済」と呼びます。

第2章

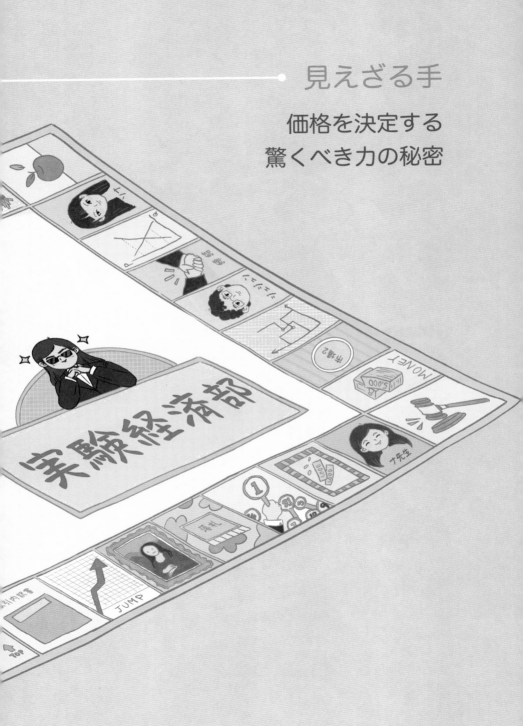

見えざる手

価格を決定する
驚くべき力の秘密

関連教育課程

社会

・中学校　公民的分野：私たちの暮らしと経済

・高校　公共：経済社会で生きる私たち

・高校　政治・経済：現代日本の経済、現代の国際政治

数学

・中学校　数学1：1次方程式

・中学校　数学2：連立方程式、1次関数のグラフ、1次関数と
　方程式

・高校　数学Ⅲ：逆関数と合成関数

01
美術品はなぜオークションで
売るのか？

イギリス式オークションから学ぶ需要曲線と支払意思額^(注5)

　スーツ姿でビシッと決めたナ先生が教室に入ってきた。

「うわ！　先生、今日はどこかにお出かけですか？」

　シヒョンが尋ねると、ナ先生はちょっと偉そうにしながらオークション用のハンマー（ガベル）を叩いて言った。

「今日、ここはロンドンの美術品オークション会場です！　スター競売人にふさわしい格好で来ました」

「えっ？　オークション？」

「みなさん、サザビーズ・オークションへ、ようこそ！　今日はなんとこちらの作品、ムンクの『叫び』がオークションにかけられました」

　ナ先生はムンクの『叫び』を見せながら、よく通る落ち着いた声で、この作品が誕生した背景を説明した。

「みなさんもこの絵を見たことはありますよね。『叫び』に

は４つのバージョンがあるのですが、そのうち個人所蔵はこの作品だけです。外を歩いていたムンクは、火山の大噴火の爪あとを目撃するのですが、それはまるで世界が崩壊するかのようだったといいます。そして 10 年後、そのとき感じたことを思い出しながら、この作品を完成させたそうです」

「本当ですか？　僕は……ムンクはちょっと精神がおかしいのかなと思ってました。ムンクの絵を見ると、何だか少し混乱するじゃないですか？」

アートが好きなシヒョンが言った。

「そうね。そんなふうにも見えるかもしれないわね。でも、火山の大噴火はそれくらい衝撃的だったんじゃないかしら。実際、すぐには描けなくて、10 年後にやっと作品を完成させたみたいだし」

「なるほど……絵の中の道がどこか不安定に見えるのはそのせいかもね」

シヒョンがそう付け加えた。

「画家の不安な心情が、絵を通して今で

もみなさんに伝わるのだから、やはり名作と言えるのでしょう。では、今日はこの作品をイギリス式公開オークションで販売します。作品を購入したい人が自由に値をつけながら金額を上げていくやり方で、最高額をつけた人が落札となります」

「僕たちが知っているオークションのやり方と同じですね。今日の最小単位の金額はいくらですか？」

ギョンホが聞いた。

「100円ずつ上げていくことにしましょう。ひとつ、この作品を買うときに覚えておいてほしい原則があります。みなさんは合理的な消費者なので、自分がこの美術品から得られる満足度以上の金額を支払ってはいけないということです」

「うーん、だったら、それぞれ絵に対してどれだけの満足度を得られるかを決めないといけませんね。そうしないと、競売価格が天井知らずで上がってしまうだろうから」

何か考え込むような表情でジェヨンが言った。

「そこで、それぞれの作品に対する満足度を競売前に前もって決めておこうと思います。ここにある紙を1枚ずつ引いてから、オークションで使う名前のプレートを持っていってください」

小さな紙がたくさん入ったかごを差し出しながら、ナ先生が言った。

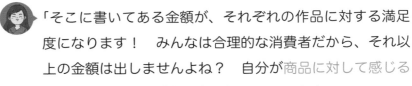「そこに書いてある金額が、それぞれの作品に対する満足度になります！　みんなは合理的な消費者だから、それ以上の金額は出しませんよね？　自分が商品に対して感じる価値——満足度を『支払意思額』といいます」

「神さま！　僕にどうか大きな数字を！」

チャンミンが紙を引きながら叫んだ。

消費者余剰、落札者の追加利益はいくらになるか？

さあ、それではムンクの『叫び』のオークションを始めます！

100円！

まずはギョンホが名前のプレートを挙げた。続いてギュヒョンとソナが競い合って100円ずつ価格を上げる。

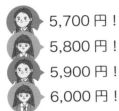

5,700円！
5,800円！
5,900円！
6,000円！

　競売価格が上がりつづけ、生徒たちのあいだに緊張感が漂った。それ以上、声が聞こえなくなると、ナ先生が言った。

6,100円の人はいませんか？　いなければここまでとします。（カンカン！）ソナが6,000円で落札しました。

　ソナは絵を受け取ると満足そうな表情を浮かべた。

ソナ、絵に対する支払意思額はいくらでしたか？
6,500円です。
それで、落札額は？
6,000円です。ってことは、500円の利得があったんですね？
そうね。6,500円の価値だと感じた絵を6,000円で買ったから、500円の追加利益を得たことになります。じゃ

あ、最後まで接戦を繰り広げたギュヒョンの支払意思額は
いくらだったのかな？

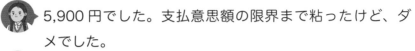
5,900円でした。支払意思額の限界まで粘ったけど、ダメでした。

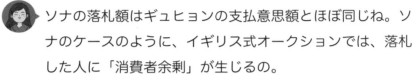
ソナの落札額はギュヒョンの支払意思額とほぼ同じね。ソナのケースのように、イギリス式オークションでは、落札した人に「消費者余剰」が生じるの。

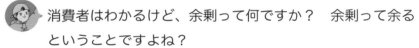
消費者はわかるけど、余剰って何ですか？　余剰って余るということですよね？

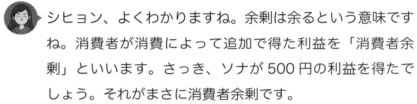
シヒョン、よくわかりますね。余剰は余るという意味ですね。消費者が消費によって追加で得た利益を「消費者余剰」といいます。さっき、ソナが500円の利益を得たでしょう。それがまさに消費者余剰です。

需要曲線、
限界的な買い手の支払意思額とは？

「さあ、それでは、紙に書いてあった支払意思額がいくらだったか教えてもらいましょうか。シヒョンからいい？」

「僕は1,500円です」

「ジェヨンはどう？」

　ナ先生は全員の、ムンクの絵に対する支払意思額を黒板に書き出した。

ソナ：6,500円   チャンミン：2,100円

ギュヒョン：5,900円   シヒョン：1,500円

ジェヨン：4,300円   ギョンホ：500円

ジェジュン：3,000円

「みんな、もし絵の価格が 7,000 円だったら、買おうとする人は何人いるかしら？」

「まあ、誰もいないでしょうね」

「そうね。では 6,500 円なら？」

「ソナ 1 人です！」

「5,900 円だったら？」

「ギュヒョンとソナの 2 人！」

「そうね、まさにそのことを言いたかったんです。この関係をグラフにしてみましょうか？」

「このように、価格と、各価格で買おうとする量（需要量）の関係をグラフにしたものを『需要曲線』といいます。需要というのは、一定の期間、各価格でどれだけ買おうとするかという話です。絵が何枚かあって、価格が 3,000 円

価格と買おうとする量（需要量）の対応関係

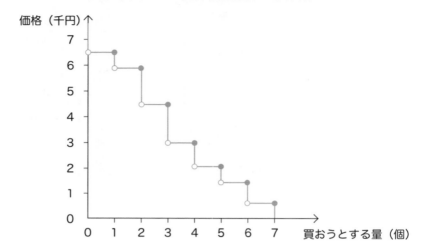

だとしたら、何人が買うでしょう？」

「4人かな。ソナ、ギュヒョン、ジェヨン、ジェジュン」

「そうね。けれど、この4人が3,000円で絵を買って得る
追加利益、つまり消費者余剰はそれぞれ違ってきますね。
まずソナの追加利益を見てみると……」

そのとき、チャンミンがぱっと口をはさんだ。

「ソナは3,500円の追加利益を得ます。ギュヒョンは
2,900円、ジェヨンは1,300円、ジェジュンの追加利益
は0です！」

チャンミンは言おうとしたことを全部言うと、得意げな表情を
浮かべた。

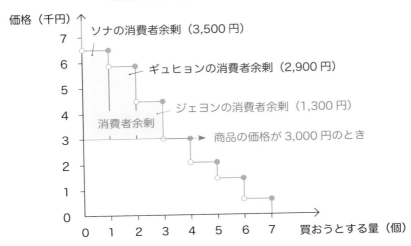

価格が3,000円のときの消費者余剰

価格（千円）
ソナの消費者余剰（3,500円）
ギュヒョンの消費者余剰（2,900円）
ジェヨンの消費者余剰（1,300円）
消費者余剰
商品の価格が3,000円のとき
買おうとする量（個）

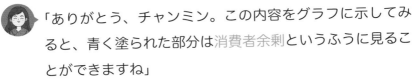「ありがとう、チャンミン。この内容をグラフに示してみると、青く塗られた部分は消費者余剰というふうに見ることができますね」

「需要曲線と価格のあいだの領域が、消費者余剰ということですね？」

ジェヨンが手帳に内容をまとめながら言った。続けてソナがさっと手を挙げて発言した。

「1つ発見しました！　需要曲線の点はどれも、『その価格より高かったら買わない人』が商品に対して感じている価値ですね。だって、価格が3,000円のところに点があるけど、3,000円っていうのはジェジュンの支払意思額で

すから。どの点も、誰かの支払意思額になっているんですね」

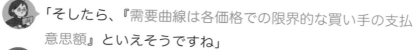「ジェヨンもソナも大したものね。ソナの言うとおり、需要曲線上のすべての点は、その価格よりも少しでも高ければ市場を離れてしまう、つまり買わない消費者の支払意思額です。そのような消費者を「限界的な買い手」とも呼びます」

「そしたら、『需要曲線は各価格での限界的な買い手の支払意思額』といえそうですね」

「そのとおり。ジェヨン、うまくまとめてくれたわね。では、もう1つ質問してみます。今回のオークションで、ソナは500円の消費者余剰を得ましたね？ では、消費者余剰が生じないように売ることもできるのでしょうか？」

「もし、僕にみんなの支払意思額を読める能力が備わったら、1人1人、みんな違う価格にして、利益を最大にしますよ！」

ギョンホが冗談交じりに言うと、ジェヨンが真剣な表情で言った。

「オークションで売るのが、消費者余剰が最も少なくなる方法に思えます」

「それじゃあここで、ひとまず10分間の休憩にします！少し休んでから考えてみましょうか」

実験経済部

ナ先生
シヒョン
チャンミン
ジェヨン
ギョンホ
ソナ
ジェジュン
ギュヒョン

オランダ式オークションでは
様子見作戦ができない

需要の価格弾力性と価格差別

「みなさん、オランダのフラワーオークションの花市場に
ようこそ!」

休み時間が終わり、みんなが席に着くと、ナ先生は教卓の下か
ら造花のチューリップの花束を取り出して言った。

「へっ? さっきはロンドンって言ってませんでしたっ
け?」

シヒョンの声に、ナ先生はとぼけながら答えた。

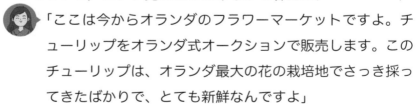「ここは今からオランダのフラワーマーケットですよ。チ
ューリップをオランダ式オークションで販売します。この
チューリップは、オランダ最大の花の栽培地でさっき採っ
てきたばかりで、とても新鮮なんですよ」

「今回も花に対してそれぞれが感じる価値を決めてあるん
ですか?」

「そうです、今回も紙のくじを引いてもらいます」

「オランダ式のオークションは何が違うんですか？」

ジェヨンが尋ねた。

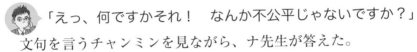「イギリス式オークションは、買い手が低い価格から自由に値をつけながら進みますが、オランダ式だと、競売人が高い価格からどんどん値を下げていくんです。オークションに参加する人は、自分が買おうとする価格が読まれたときに『ハイ！』と声を上げて落札します。何人かが同時に叫んだ場合は、競売人からいちばん近い場所の人に落札されます」

「えっ、何ですかそれ！　なんか不公平じゃないですか？」

文句を言うチャンミンを見ながら、ナ先生が答えた。

「それがオークションのルールなんです。では、始めましょうか。10,000 円！　9,900 円、 9,800 円、9,700 円、9,600 円、9,500 円！」

ナ先生が 9,500 円と言った瞬間、ギョンホとジェジュンが同時に叫んだ。

「ハイ！」

ジェジュンのほうがナ先生の近くに座っていたため、チューリップはジェジュンが競り落とした。

「ジェジュンに 9,500 円で落札されました！」

「先生、ひどすぎます。僕にも花をくださいよ！」

ギョンホが残念そうに言った。

「ルールはルールだから、チューリップはジェジュンに渡します。これで今日のオークションは終わりです」

オランダ式競売、
消費者余剰ゼロ！

いつもの声に戻ったナ先生が言った。

「ジェジュンの支払意思額はいくらでしたか？」

「9,500円です」

「じゃあ、ジェジュンは満足度ぴったりの値段で花を買ったわけね。ギョンホはいくらだったの？」

「僕も9,500円だったんです」

「消費者余剰が0ね！」

ジェヨンがボールペンを上に上げながら言った。

「これこそがイギリス式とオランダ式のオークションの違いなんです！」

ナ先生の言葉に何かじっと考え込んでいた生徒たち。ソナが、わかったという表情で手を挙げた。

「イギリス式オークションは価格が少しずつ上がるし、参加者が値をつけるから、相手の出方を見ながら対応できます。だから落札者は、自分が商品につけた価格をまるまる支払わなくてすむ場合もありますよね」

「一方、オランダ式オークションでは様子見ができません

でした。競売人が高値から速いスピードで価格を下げてい
くので、自分の支払意思額になった瞬間に『ハイ！』と叫
んでしまったんです」

「だから、イギリス式オークションでは普通、落札した人
に消費者余剰が生まれるけれど、オランダ式オークション
ではほぼ0ということですね？」

ジェジュンとジェヨンが順にてきぱきと発言した。

「オークションのやり方は1つではダメなんですか？　な
ぜイギリス式、オランダ式ってわざわざ分けるんでしょ
う？　それにどうして国の名前がついているんですか？」

「美術品のオークションはイギリス発祥だからじゃない
の？」

ギュヒョンの質問に、シヒョンが返した。

「そうね。美術品の公開オークションは通常、イギリス式
で行われます。イギリスで始まって盛んになったので、そ
う呼ばれるようになったの。みんなはオランダといえば何
を思い浮かべる？」

「うーん、風車とチューリップ？」

「オランダはチューリップをはじめ、花の栽培や輸出が盛
んですね。海があるので海産物も売ったりして。花や鮮魚
は季節ごとに収穫量や漁獲量が違うし、品質も変わってく
るから、一定の価格で売らずに、せりで売ることが多いん
です。美術品と違って、鮮度がとても重要になってきます

から。それに、できるだけ早く売りさばく必要もあるし」

「だから競売人が価格をさっさとつけながら進めるんですね？　たしかに、そうすれば早く終わります」

ジェジュンが言った。

「そのとおり。実際にオランダのフラワーオークションの会場では、時計のような機械がありますが、時計の目盛りの代わりに価格が書いてあって、針が高い価格から低い価格へと回っていくようになっています。オークションの参加者は、希望の価格に目盛りが来たときにすばやくボタンを押して、いちばん先にボタンを押した人が落札になるそうです。見てみましょうか？」

　ナ先生は、オランダのフラワーオークションの様子と、イギリスのオークション会社が絵画を競売する様子が収められた映像を見せた。オランダのフラワーオークション会場は、本当に時計のようなものがあるホールのような場所で、席に座った人たちが何かを押し、まるで証券取引所のようだった。イギリス式オークションでは、作戦なのか、電話をかけるふりをする人が何人もいて、最後に競売人が木のハンマーで机をトントンと叩きながら「ソールド（sold）！」と叫んだ。

「うわっ……ソールドって叫ぶの、かっこいい。競売人を目指してみようかな」

「いいわね、芸術的センスがあるシヒョンに向いていそうね！」

イギリス式美術品オークション

オランダ式フラワーオークション

「先生、消費者によって支払意思額が異なることを利用して、商品価格をそのたびに変えて売る方法もありますか？　僕、そのやり方でちょっとお金を稼ぎたいんですけど」

ギョンホがそう言うと、チャンミンがやれやれといった表情で答えた。

「おい、同じ品物を誰かに 1,000 円で売って、誰かに 500 円で売ったら、どうなるかわかるだろ？　500 円で買える人がどっさり買い込んで、800 円で売るに決まってるよ」

「チャンミンの言うことも間違ってはいないわ。だけど、人によって支払意思額が異なることを利用して利益を上げる例は、まわりにも簡単に見つかりますよ」

「本当ですか？」

ナ先生の話に、ギョンホが目を輝かせた。

需要の価格弾力性、『ハリー・ポッター』の新刊をまずはハードカバーで売る理由

「『ハリー・ポッター』のファンの人？」

ナ先生の問いかけに何人かが手を挙げた。

「『ハリー・ポッター』のようなシリーズ本は、新刊を心待ちにしている熱狂的なファンがいます。そういうファンの多くは、本への支払意思額が高く、価格をあまり気にせず

に買う可能性が高いんです。出版社側ではそれを利用して、新刊はハードカバーで出して、半年程度は高めの価格で売って、そのあとソフトカバーにして価格を下げて販売したりするんです」

「熱狂的なファンは高い金額を払ってでも本を早く手に入れて読もうとするし、そこまで高い金額を出せないって人は、少し遅くなってもいいからリーズナブルな価格で買うんですね。たしかに、そうすれば出版社の利益は大きくなります！」

ギョンホがそう言った。

「そういうことです。熱狂的なファンの場合のように、価格変化に需要量が敏感に反応しないことを『非弾力的』と表現します。一方、価格の変化に需要量が敏感に反応することを『弾力的』といいます」

「えっ、『弾力的』ですか？　ゴムじゃあるまいし……」

チャンミンが聞いた。

「ええ、伸び縮みするゴムを弾力があるというように、価格の変化に敏感で需要量がぱっと減ったり増えたりするのを『需要の価格弾力性が大きい──弾力的』と表すんです。需要の価格弾力性が小さい──非弾力的な──人たち

には高い価格で、価格弾力性が大きい人たちには低い価格で買ってもらうことを『価格差別^(注6)』といいます」

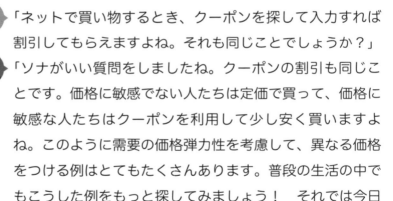

「そうだよな、それは差別だよ！　僕は差別はイヤだな！」

「だけど、私たちも価格差別のおかげで得しているんじゃない？　美容室は大人のカット代よりも私たちのカット代のほうが安いでしょ。私たちのほうが価格に敏感だから、安くしてもらえるんじゃないのかな」

差別はイヤだと興奮するチャンミンに向かって、ジェヨンが言った。

「ネットで買い物するとき、クーポンを探して入力すれば割引してもらえますよね。それも同じことでしょうか？」

「ソナがいい質問をしましたね。クーポンの割引も同じことです。価格に敏感でない人たちは定価で買って、価格に敏感な人たちはクーポンを利用して少し安く買いますよね。このように需要の価格弾力性を考慮して、異なる価格をつける例はとてもたくさんあります。普段の生活の中でもこうした例をもっと探してみましょう！　それでは今日はこれで終わりにします！」

ジェヨンの経済日記

20××年×月×日

友だちと朝早く映画を観に行った。朝いちばん
の上映はチケット代が割引になるからだ。私た
ちは価格に敏感な、需要の価格弾力性が大きい
消費者だから。

じつは早朝割引でなくても、子ども用の映画チ
ケットは大人より安い。映画館に行くのはもっ
たいないとネットフリックスを使っているお姉
ちゃんは、私よりもっと価格に敏感な人なのか
もしれないな。

03

リンゴの価格は
どうやって決まるのか？ (注7)

リンゴ市場の需要と供給で探る均衡価格決定 (注8)

キンコン、カンコン！

授業の開始を知らせるチャイムが鳴った。廊下で待機していた生徒の親たちが教室のうしろのドアから入ってくると、実験経済部の生徒たちも、ちらちらとうしろを振り返った。今日は授業参観日だ。

静かな雰囲気を破るように、ナ先生が明るい大きな声で話しかけた。

「ビョルビョルリンゴ市場へようこそ！　今日は14人もいらっしゃいましたね。うしろにいる方たち、前のほうにどうぞ！」

ナ先生はそう声をかけながら、教室のうしろにつかつか歩いていき、保護者2人を子どもの席の隣に案内した。

「お父さん、お母さん、どうぞ前にいらしてください。ひ

とりでもうしろにいてはダメですよ！」

　全員が席に座ると、ナ先生は大きな声で言った。

「みなさんは全員、リンゴを売買するためにやってきました」

「えっ？　どこにリンゴがあるんですか？」

　ジェジュンの質問に、ナ先生は教卓にあるリンゴ味のキャラメルの箱を指さした。そして、紙を１枚ずつ配りながら、こう言った。

「紙に書かれた情報は誰にも見せないでください。ほかの人に知られたらその分、不利になってしまいます。必ず守ってくださいね！」

　紙には、卸売市場で２度開かれるリンゴのせりで、それぞれが担当する役割（供給者または需要者）が書かれてあった。供給者ならリンゴ１箱を生産するのにかかった費用、需要者ならリンゴ１箱に対して支払意思のある最大価格も書かれていた。

「さて、全員に渡りましたね。今日のリンゴのせりは２回開かれます。自分が１回目のせりでどちらの役になるか確認してください。供給者か需要者です。供給者は売り手、需要者は買い手です。供給者は需要者を、需要者は供給者を見つけて、リンゴの価格を交渉して契約してください。取引を終えたら、取引契約書を作成して、私に渡してもらいます。このとき、とても重要なルールが１つあります！　しっかり聞いてくださいね！」

一瞬しんとなって、全員が集中すると、ようやくナ先生は話を続けた。

「私たちは全員『合理的な』需要者と供給者です。供給者は損する商売はしません。需要者は消費で得られる満足度よりも高い価格は支払いません。それから、人によってリンゴ1箱を消費するときの満足度は異なります。仮にリンゴ1箱の満足度が2,000円なら、それ以上の価格では買いませんよね？　この場合は最大2,000円まで支出することができます。満足度が2,000円なら、それ以上の価格でリンゴを買ってはいけないということです。満足度が得られる価格までは支払う意思があるので、消費による満足度を『支払意思額』と呼んだりもします」

「供給者はどうすればいいんですか？」

ソナとギュヒョンが同時に質問した。

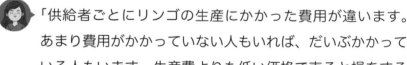「供給者ごとにリンゴの生産にかかった費用が違います。あまり費用がかかっていない人もいれば、だいぶかかっている人もいます。生産費よりも低い価格で売ると損をするので、それはダメです。生産費より高く売るほどいいでしょう」

「それじゃあ、支払意思額が2,000円の需要者と、生産費が3,000円の供給者が交渉したらどうなるんですか？」

「いい質問ですね。そういう場合は交渉が難しいですね。ここでは損をする交渉は決してしないというルールを決め

| 例1 | | リンゴのせり　役割情報 |

1回目のせりでの役割：需要者（購買者）

あなたがリンゴ1箱から得られる満足度は4,000円です。できるだけ安く買って追加利益を多くしてください。ただし4,000円以下での取引のみ可能です。

＊追加利益：4,000円－取引価格

2回目のせりでの役割：供給者（販売者）

あなたがリンゴ1箱を生産するのにかかった費用は3,000円です。できるだけ高く売って追加利益を多くしてください。ただし3,000円以上での取引のみ可能です。

＊追加利益：取引価格－3,000円

| 例2 | | リンゴのせり　役割情報 |

1回目のせりでの役割：需要者（購買者）

あなたがリンゴ1箱から得られる満足度は2,000円です。できるだけ安く買って追加利益を多くしてください。ただし2,000円以下での取引のみ可能です。

＊追加利益：2,000円－取引価格

2回目のせりでの役割：供給者（販売者）

あなたがリンゴ1箱を生産するのにかかった費用は1,000円です。できるだけ高く売って追加利益を多くしてください。ただし1,000円以上での取引のみ可能です。

＊追加利益：取引価格－1,000円

たので。お互い満足のいく交渉を終えて、取引契約書を作成して提出した人には、おいしいリンゴ（キャラメル）を差し上げます。そういうわけで、取引きしないことには供給者、需要者、どちらにも利益がありませんよね？　ただし、どちらの側も損をする取引を行ったらリンゴはあげられませんよ！　これから2度の市を開きますが、それぞれ1回のせりに1箱だけ取引きします。これもルールです。供給者はリンゴ1箱を売って、需要者はリンゴを1箱だけ買います！」

「供給者の利益は『取引価格－自分の生産費』、需要者の利益は『支払意思額－取引価格』ということですね？」

　ジェヨンがメモしながら言った。

「そうです、よくわかりましたね。それでは取引を開始しましょうか？　さあ、1回目のリンゴのせりが始まりました！」

見えざる手、市場で価格を決定する隠れた力！

「リンゴ買います！　売ってくれる人？」
「リンゴお安くしますよ！」
　あちこちで需要者と供給者がリンゴの価格交渉をしはじめ、教室ががやがやしてくると、本物の市場のような雰囲気になった。

最初はぎこちなかった親たちも、子どもたちにつられて積極的に交渉に乗り出した。

「あら、2,000円以上では買えないわ」

「4,000円以上じゃないと売れませんよ。いくら友だちのお母さんでも、これ以上はお安くできませんよ！」

　互いに希望の価格が一致せず、取引が成立しない生徒や、もう少し利益を出そうと交渉する生徒もいた。ナ先生はみんなのあいだを行き来しながら、ほほえましそうに眺めていた。

「取引が成立しました！」

　最初に取引契約書を提出したのはジェヨンだった。続いてソナが提出した。

　しばらくすると、騒がしかった教室内が静かになった。

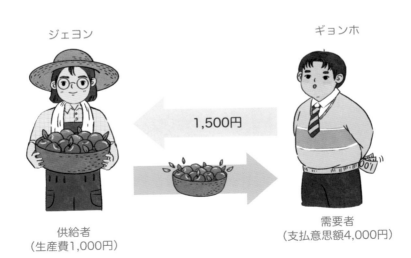

ジェヨン

ギョンホ

1,500円

供給者
（生産費1,000円）

需要者
（支払意思額4,000円）

1回目のせりで成立した取引内訳

取引番号	取引価格	供給者の生産費	需要者の支払意思額	供給者の追加利益（生産者余剰）	需要者の追加利益（消費者余剰）
1	1,500円	1,000円	4,000円	500円	2,500円
2	1,100円	1,000円	2,000円	100円	900円
3	1,900円	1,000円	2,000円	900円	100円
4	3,100円	3,000円	4,000円	100円	900円
5	1,900円	1,000円	2,000円	900円	100円

「1回目のリンゴのせりは終了しました！」

ナ先生の大きな声で全員、席に着いた。

「それでは、どんな取引がされたか、内訳を見てみましょう。今回のせりの取引量は合計5件ですね。まずジェヨンとギョンホが1,500円で取引きしています。ジェヨンの生産費は1,000円、ギョンホの支払意思額は4,000円。ジェヨンは500円の利益、ギョンホは2,500円の利益でした！」

「うわ！　ギョンホすごいな。2,500円？　今日のMVPじゃないか？」

「次はソナとギュヒョンのお父さんの取引です！　ギュヒョンのお父さんが販売してソナが購入しましたね。取引金額は1,100円で、ギュヒョンのお父さんの生産費は1,000円、ソナの支払意思額は2,000円。そうすると

ソナは 900 円の追加利益があって、ギュヒョンのお父さ
んの追加利益は 100 円です。となると、平均取引価格は
……2,000 円くらいになるかしら？」

「1,900 円です！　僕、計算速いんです」

チャンミンが得意そうに言った。

ナ先生は平均取引価格の計算のプロセスを板書した。

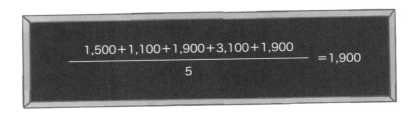

$$\frac{1,500+1,100+1,900+3,100+1,900}{5}=1,900$$

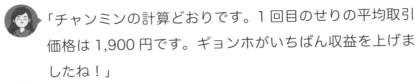「チャンミンの計算どおりです。1 回目のせりの平均取引
価格は 1,900 円です。ギョンホがいちばん収益を上げま
したね！」

「ところで先生、さっき暗算したんですか？　2,000 円く
らいになるって言ってましたよね？」

チャンミンが質問した。

「いいえ、暗算はできないけど、2,000 円くらいになるだ
ろうって最初からわかってたの」

「どうやってわかるんですか？　先生は予測の神様？」

「ここには『見えざる手』が隠れているからです！」

「えっ？」

ジェヨンが怪訝そうな表情で聞いた。

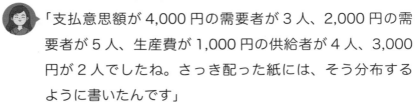

「支払意思額が 4,000 円の需要者が 3 人、2,000 円の需
要者が 5 人、生産費が 1,000 円の供給者が 4 人、3,000
円が 2 人でしたね。さっき配った紙には、そう分布する
ように書いたんです」

ナ先生は黒板に内容を書きながら説明した。

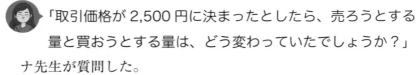

「取引価格が 2,500 円に決まったとしたら、売ろうとする
量と買おうとする量は、どう変わっていたでしょうか?」

ナ先生が質問した。

「売ろうとする量は 4 箱です。それだと生産費が 3,000
円の人は、リンゴの生産をやめてほかの仕事をしちゃうだ
ろうから」

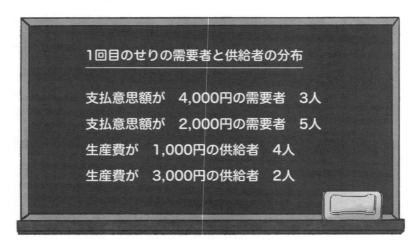

1回目のせりの需要者と供給者の分布

支払意思額が　4,000円の需要者　3人
支払意思額が　2,000円の需要者　5人
生産費が　1,000円の供給者　4人
生産費が　3,000円の供給者　2人

「買おうとする量は 3 箱です。満足度が 2,000 円の需要

者は買わないはずだから」

「そうすると２箱、残るよね」

ソナとギュヒョンが交互に言った。

「うーん、もし残ったら安くしてでも売りさばこうとする
だろうな！」

ギョンホの意見にチャンミンも同意して、こう言った。

「そうだよな、だとすると取引価格は下がるしかないって
ことか」

「そのとおりです。だから2,500円は安定的な取引価格で
はないですね。じゃあ、取引価格が1,200円だったらど
うでしょう？」

「そしたら、売ろうとする量は４箱、買おうとする量は８
箱です」

「今度はリンゴが足りないですよ！　買おうとする人は、
もう少し出すから売ってくれって言うんじゃないかな？」

シヒョンとチャンミンが続けて言った。

「そうですね。これを表にまとめてみると、こんなふうに
なります」

ナ先生は１回目のせりの需要表と供給表を教室のスクリーンに
映し出した。

1回目のせりの需要表

p（取引価格、百円）	需要量（箱）
p＞40	0
20＜p≦40	3
0＜p≦20	8

1回目のせりの供給表

p（取引価格、百円）	供給量（箱）
p＜10	0
10≦p＜30	4
p≧30	6

「一定の期間の、価格と買おうとする量である需要量の対応関係を示した表を『需要表』、価格と売ろうとする量である供給量の対応関係を示した表を『供給表』といいます。これをグラフにしてみましょう。価格と需要量の対応関係を示した需要曲線は赤い線、価格と供給量の対応関係を示した供給曲線は青い線です。一緒に表してあるので、価格がいくらのときに『安定的』なのかが一目瞭然です」

「2,000円です！」

「需要曲線と供給曲線が交わってますね。2つの曲線が出合う地点では、需要量と供給量が等しいから、過不足がないんですね！」

ギョンホとジェヨンが叫んだ。

1回目のせりの需要曲線と供給曲線

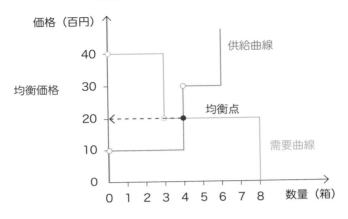

「そうですね。ほかの条件に変化がなければ、その価格水準で安定してとどまるでしょう。結局、市場ではこの価格で取引きされるのです。1回目のせりは1,900円が平均取引価格でしたね」

「わ！　本当にほぼ2,000円ですね」

チャンミンが不思議そうに言った。

「これこそが市場で価格を決定する『見えざる手』の原理です！　それでは20分休憩してから再開しましょう！」

・経済学の概念：需要、供給
・数学の概念：1次関数、連立方程式、逆関数

Q 1 次の表を参考にして、ビョルビョル村で1週間に消費する食パンの需要関数を求めてみましょう。

食パンの価格にともなう需要量
（ただし、価格と需要量は一定の比率で変化します）

価格（百円）	0	2	4	6	⋯
需要量（個）	40	33	26	19	⋯

2つの変数である、価格（P = Price）と需要量（Qd = Quantity of Demand）は、一定の比率で変化するため、2つの変数の関係は1次関数になります。価格による需要量の変化なので、Qd = aP + b になりますね。このとき a は、$\dfrac{\text{Qd の変化量}}{\text{P の変化量}}$ です。表から任意に2つの点を選びます。（0、40）と（2、33）を選ぶことにします。

そうすると、a = $\dfrac{\text{Qd の変化量}}{\text{P の変化量}}$ = $\dfrac{33 - 40}{2 - 0}$ = $-\dfrac{7}{2}$ となります。b は価格が0円のときの需要量なので、b = 40 です。

したがって、ビョルビョル村の食パンの需要関数は
Qd = $-\dfrac{7}{2}$P + 40 です。

よけいなひと言を好かれる
セリフに変える言いかえ図鑑

大野萌子 著

2万人にコミュニケーション指導をしたカウンセ
ラーが教える「言い方」で損をしないための本。
人間関係がぐんとスムーズになる「言葉のかけ
方」を徹底解説!

定価= 1540 円（10%税込） 978-4-7631-3801-9

ぺんたと小春の
めんどいまちがいさがし

ペンギン飛行機製作所 製作

やってもやっても終わらない!
最強のヒマつぶし BOOK。
集中力、観察力が身につく、ムズたのしいまち
がいさがしにチャレンジ!

定価= 1210 円（10%税込） 978-4-7631-3859-0

100年足腰

巽 一郎 著

世界が注目するひざのスーパードクターが1万
人の足腰を見てわかった死ぬまで歩けるからだ
の使い方。手術しかないとあきらめた患者の
多くを切らずに治した!
テレビ、YouTubeでも話題!10万部突破!

定価= 1430 円（10%税込） 978-4-7631-3796-8

ビジネス小説　もしも徳川家康が総理大臣になったら

眞邊明人 著

コロナ禍の日本を救うべく、「全員英雄内閣」つい に爆誕！　乱世を終わらせた男は、現代日本の病 理にどう挑むのか？　時代とジャンルの垣根を超 えた歴史・教養エンタメ小説！

定価＝ 1650 円（10％税込）978-4-7631-3880-4

さよならも言えないうちに

川口俊和 著

「最後」があるとわかっていたのに、なぜそれがあ の日だと思えなかったんだろう―。
家族に、愛犬に、恋人に会うために過去に戻れる不 思議な喫茶店フニクリフニクラを訪れた4人の男女の 物語。シリーズ130万部突破。3年ぶりの最新刊！

定価＝ 1540 円（10％税込）978-4-7631-3937-5

血流がすべて解決する

堀江昭佳 著

出雲大社の表参道で90年続く漢方薬局の予約 のとれない薬剤師が教える、血流を改善して 病気を遠ざける画期的な健康法！

定価＝ 1430 円（10％税込）978-4-7631-3536-0

成しとげる力

永守重信 著

最高の自分をつかめ！悔いなき人生を歩め！
たった4人で立ち上げた会社を世界に名だたる
"兆円企業"に成長させた「経営のカリスマ」
日本電産の創業者がいま、すべてを語り尽くす。
23年ぶりに書き下ろした自著、ついに刊行！

定価＝1980円（10％税込）978-4-7631-3931-3

生き方

稲盛和夫 著

大きな夢をかなえ、たしかな人生を歩むために一
番大切なのは、人間として正しい生き方をするこ
と。二つの世界的大企業・京セラとKDDIを創業
した当代随一の経営者がすべての人に贈る、渾
身の人生哲学！

定価＝1870円（10％税込）978-4-7631-9543-2

スタンフォード式　最高の睡眠

西野精治 著

睡眠研究の世界最高峰、「スタンフォード大学」
教授が伝授。
疲れがウソのようにとれるすごい眠り方！

定価＝1650円（10％税込）978-4-7631-3601-5

子ストアほかで購読できます。

運動脳

アンデシュ・ハンセン 著　御舩由美子 訳

「読んだら運動したくなる」と大好評。
「歩く・走る」で学力、集中力、記憶力、意欲、
創造性アップ！人口 1000 万のスウェーデンで
67 万部！『スマホ脳』著者、本国最大ベスト
セラー！

定価＝ 1650 円（10％税込）978-4-7631-4014-2

血流ゼロトレ

堀江昭佳　石村友見 著

100 万部シリーズ『ゼロトレ』と 42 万部シリー
ズ『血流がすべて解決する』の最強タッグ！
この本は「やせる」「健康になる」だけではありま
せん。弱った体と心を回復させます。
自分の「救い方」「癒し方」「変え方」「甘やかし
方」教えます！

定価＝ 1540 円（10％税込）978-4-7631-3997-9

Q2　それでは、食パンの需要曲線はどのようになるでしょうか？

　需要関数で、価格（P）と需要量（Qd）の位置を逆にした関数、つまり逆関数を作ってグラフにすると需要曲線になります。

　$P = \dfrac{Qd}{a} - \dfrac{b}{a}$、つまりビョルビョル村の食パンの需要関数の逆関数は、$P = -\dfrac{2}{7}Qd + \dfrac{80}{7}$です。これをグラフにしてみましょう。

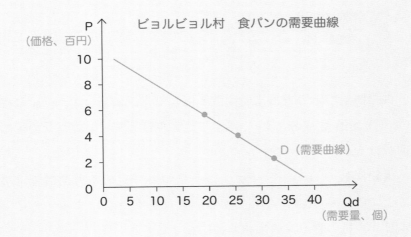

　需要曲線がおかしいことに気づきませんか？　需要関数をそのままグラフにできると思ったのに、縦軸と横軸が入れ替わった感じがしますね？　このように２つの変数の役割を入れ替えることを「逆関数」といいます。需要曲線は需要関数の逆関数なのです！　経済学では、需要または供給に対するグラフを描くときは、

縦軸と横軸を入れ替えて作成します。アルフレッド・マーシャル（Alfred Marshall）という経済学者がその方式を採用して以来、それが慣例となってしまったそうです！

Q 3　では、次の表を参考にして、ビョルビョル村の食パンの供給関数を求め、供給曲線^(注9)を描いてみましょう。

食パンの価格にともなう供給量
（ただし、価格と供給量は一定の比率で変化します）

価格（百円）	0	2	4	6	…
供給量（個）	0	13	26	39	…

供給関数の求め方は需要関数と同じです。価格は P、供給量は Qs（Quantity of Supply）です。ビョルビョル村の食パンの供給関数は $Qs = \dfrac{13}{2}P$ です。

供給関数の $Qs = \dfrac{13}{2}P$ から、P について定める逆関数を求めると、$P = \dfrac{2}{13}Qs$ になりますね。これをグラフにすると、ビョルビョル村の食パンの供給曲線になります。

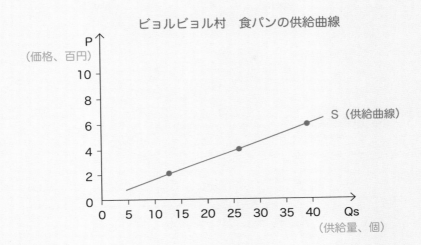

ビョルビョル村　食パンの供給曲線

ここでは、P（価格、百円）を縦軸に、0, 2, 4, 6, 8, 10 の目盛り、横軸を Qs（供給量、個）として 0, 5, 10, 15, 20, 25, 30, 35, 40 の目盛り、S（供給曲線）を右上がりに示している。

Q 4　ここまでに出した答えをもとに、ビョルビョル村で消費する食パンの均衡価格と均衡取引量を求めてみましょう。

　ビョルビョル村の食パンの均衡価格と均衡取引量を求めるには、まず需要曲線と供給曲線を 1 つのグラフにしてみます（120 ページのグラフ参照）。2 つの曲線の交点が見えますか？　需要量と供給量が一致するこの点での価格は 400 円です。ほかの変化要因がなければ、この価格は安定して維持されます。この価格水準が均衡価格（Pe）、このときに取引きされる量が均衡取引量（Qe）です。つまり、2 つの曲線の交点（E）の、P 値と Q 値というわけです。

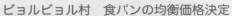

ビョルビョル村　食パンの均衡価格決定

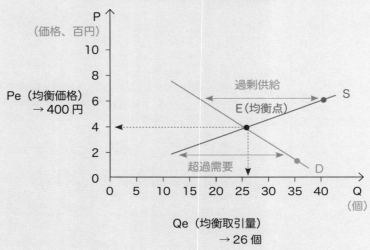

　E 点の P 値と Q 値は、数学で 2 つの連立方程式の「解」と呼ばれる値です。では、2 つの式を満たす（P、Q）を探してみましょう。まずは 2 つの式を次のように並べて書き、1 つの式からもう 1 つの式を引きます。

$$Q + \frac{7}{2}P - 40 = 0 \ （食パン需要）$$

$$- \ \left| \ Q - \frac{13}{2}P \ \ \ \ \ \ = 0 \ （食パン供給） \right.$$

$$10P - 40 = 0 \ （食パン需要－食パン供給）$$

　このように計算すると、P = 4（百円）になります。これを再

び上の2つの式のうちの1つに代入してみると、Q = 26（個）
になります。どうですか？　グラフで確認した均衡価格と均衡取
引量と同じですね。

なぜリンゴの価格は
暴騰したのか？

需要と供給の変化による均衡価格の変動 ^(注10)

「しっかり休憩しましたか？　では今から2回目のせりを始めます。供給者は需要者を、需要者は供給者を探して……」

「さあ、ここに新鮮なリンゴがありますよ！　いかがですか？」

「いくらですか？」

ナ先生が言い終わる前に、さっそく交渉が始まった。

「ちょっと安くしてくださいよ。2,000円以上だと買えないんですよ」

「そんな、それじゃこちらが損するから売れませんね」

1回目の市場よりもにぎやかな雰囲気になった。

需要と供給の変化、
リンゴの価格が上がる理由は？

 （カンカン！）「それでは2回目のせりは終了です。取引
契約書を提出して、着席してくださいね」

1回目のときと同じように、取引内容を確認した。

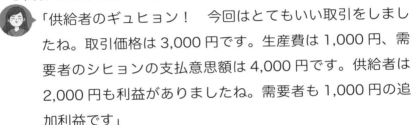 「供給者のギュヒョン！　今回はとてもいい取引をしまし
たね。取引価格は3,000円です。生産費は1,000円、需
要者のシヒョンの支払意思額は4,000円です。供給者は
2,000円も利益がありましたね。需要者も1,000円の追
加利益です」

「ちょっと、生産費、1,000円だったのか？」

シヒョンがギュヒョンを見て勢いよく言った。

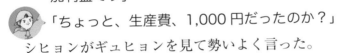 「ゴメン！　商売するのに生産費を教える必要はないでし
ょ？」

ギュヒョンがクスクス笑いながら答えた。

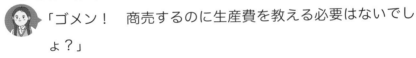 「では、ほかの取引も見てみましょうか？　次はギョンホ
とギョンホのお母さんですね。うわあ、親子の取引を見て
みましょうか。今回はギョンホが供給者、お母さんが需要
者でしたね。取引価格は4,000円！」

「なんだよ、1回目より高い取引ばっかりじゃないか」

「おまえ、自分の親になんでそんなに高く売るんだよ？」

チャンミンがからかうようにギョンホに言った。

「供給者は生産費が3,000円だったから、1,000円の利益、需要者は支払意思額が4,000円だったので利益は0！」

「ギョンホは今回も利益トップね！」

ナ先生は、2回目の取引内訳を確認しながら黒板にまとめた。

2回目のせりで成立した取引内訳

取引番号	取引価格	供給者の生産費	需要者の支払意思額	供給者の追加利益（生産者余剰）	需要者の追加利益（消費者余剰）
1	3,000円	1,000円	4,000円	2,000円	1,000円
2	4,000円	3,000円	4,000円	1,000円	0円
3	2,500円	1,000円	4,000円	1,500円	1,500円
4	3,200円	3,000円	4,000円	200円	800円
5	1,900円	1,000円	2,000円	900円	100円

「今回も5件の取引きが成立しましたね。ジェヨンは取引できなかったようね。交渉が難航したのかな？」

「私、今回は運がよくなかったんです。私の生産費は3,000円なんですけど、交渉した需要者全員が2,000円までしか支払えないって言うから。ほかの需要者はもう取引が終わったみたいでしたし……」

ジェヨンが残念そうに言った。

「そうですね。お互いに取引きしたい額が合わないと、そういうこともありますね。今回のせりの平均取引価格はい

くらくらいになるでしょうか。計算してみましょう！」

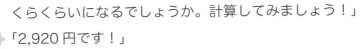「2,920円です！」

今回もチャンミンが即座に答えた。

「本当に速いわね！　チャンミンの計算が合っているかど
うか、一緒に確認してみましょうか」

$$\frac{3,000+4,000+2,500+3,200+1,900}{5}=2,920$$

「ピンポン！　正解でしたね。2回目の平均取引価格は、
2,920円です」

「1回目のせりよりもだいぶ価格が上がりましたね。さっ
きは2,000円にもいかなかったんじゃなかったっけ？」

ソナがそう発言すると、ジェヨンが言った。

「1,900円だったよね」

「2回目のせりでは、供給者たちが高く売ったんじゃない
ですか？」

何人かの生徒がざわついた。

「ここにも『見えざる手』の秘密が隠れています。じつは
需要者と供給者の分布を変えておいたんです」

「2回目のせりの需要者と供給者の分布はどうなっていた

んですか。気になります。早く教えてください」

ナ先生の説明を聞いて、シションが催促した。

「2回目のせりでは、支払意思額が4,000円の需要者が4人、2,000円が2人でした。供給者は、生産費1,000円が3人、3,000円が5人だったんです」

ナ先生は内容を板書しながらそう言った。

2回目のせりの需要者と供給者の分布

支払意思額が　4,000円の需要者　4人
支払意思額が　2,000円の需要者　2人
生産費が　1,000円の供給者　3人
生産費が　3,000円の供給者　5人

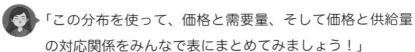「この分布を使って、価格と需要量、そして価格と供給量の対応関係をみんなで表にまとめてみましょう！」

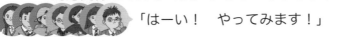「はーい！　やってみます！」

隣の席同士、相談しながら2回目のせりの需要表と供給表を作成した。

2回目のせりの需要表

p（取引価格、百円）	需要量（箱）
p＞40	0
20＜p≦40	4
0＜p≦20	6

2回目のせりの供給表

p（取引価格、百円）	供給量（箱）
p＜10	0
10≦p＜30	3
p≧30	8

「とてもよくできましたね。それでは、需要表と供給表を見て、需要曲線と供給曲線も1つのグラフにしてみてください！ それから均衡価格がいくらになるかも確認してみましょう！」

グラフを描きはじめて2分ちょっと経過すると、まずはジェヨンが発言した。

「ここでは均衡点での価格は3,000円です」

「まあ、ジェヨンはもう描き終えたのね。それでは3,000円で合っているか一緒に確認してみましょうか」

ナ先生は黒板に2回目のせりの需要曲線と供給曲線を描いた。

「2回目のせりでは、需要曲線と供給曲線が交わる均衡点

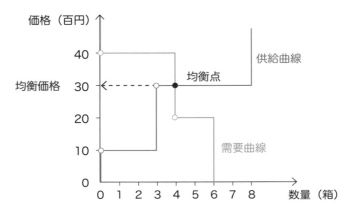

2回目のせりでの均衡価格の変動

での価格が3,000円ですね。2回目のせりの平均取引価
格はいくらだったかしら？」

ジェヨンが手帳のメモを確認しようとしたとたん、ギョンホが
叫んだ。

「2,920円でした！」

「3,000円に近いですね」

「需要者、供給者の分布が変化したので、均衡価格が変わ
ったんですね！」

ジェヨンが元気よく言った。

「そうです。2回目のせりの需要者と供給者の分布で何度
も取引を行っているうちに、平均取引価格はだんだんと
3,000円に近づいていくんです」

均衡価格の変動、需要や供給が変わると均衡価格も変わる

「だけど先生、さっき均衡価格っていうのは安定的な価格水準だって言いませんでした？　それが需要者と供給者の分布によって変わってしまうんですか？」

ジェジュンの質問に、ナ先生は待っていましたと言わんばかりに答えた。

「とてもいい質問ですね！　さっき『均衡』の話をしたとき、『ほかの条件に変化がなければ』安定して維持される状態だと言ったのを覚えてる？　1回目のせりと2回目のせりは、その『ほかの条件が変化した』ということなんです。『ほかの条件が変化しなければ』というのは、価格と需要量との対応関係である需要関数と、価格と供給量との対応関係である供給関数に『変化がなければ』という意味です」

「うーん、ちょっとよくわからないなあ……」

「そうですね。もし『リンゴが体にもよくてダイエットにも効果的』という研究結果が報告されて、人々がリンゴをたくさん買い求めるようになったとしましょう。以前はリンゴ1箱から2,000円分の満足度を得られたのに、今は4,000円分の満足度を得られる人が増えたとしたら、新しい対応関係ができあがります。この場合は需要が増加し

たので、新しい需要曲線になりそうですね？　これが『ほかの条件が変化した』ということです！」

「それじゃあ、供給変動も同じことでしょうか？」

先生の説明に、ジェヨンが質問した。

「そうです。リンゴ栽培に必要な肥料の価格が上がったと仮定してみましょう。そうするとリンゴの供給者側の生産費が高くなりますね。以前はリンゴ1箱の生産費は1,000円だったのが、今は3,000円ということもありえます。そうなると、リンゴの価格とリンゴの供給量の対応関係そのものが変わるので、新たな供給曲線が描かれることになりますね。このように、需要曲線や供給曲線が新しくなる状況が発生すると『ほかの条件が変化した』ことになり、このとき均衡点も変わります。均衡価格と均衡取引量のどちらも変わるのです。このような場合、供給が減少したといいます」

「1回目と2回目のせりの取引価格の分布を比較してみると、支払意思額の高い需要者が2回目で増えていますね。生産費が高い供給者も多くなっています」

ジェヨンが手帳のメモを見ながら言った。

「そうですね。1回目と2回目の需要曲線を比べてみると、曲線が右側に移動していませんか？　もし供給には変化がなくて、供給曲線は1回目のまま、需要曲線だけが2回目のように変化したとしてみましょう。そうすると取

引量が増加して均衡価格も上がり、均衡点が移動しますよ
ね」

「本当にそうですね。じゃあ、供給曲線だけが変化したら
どうなりますか？」

ナ先生の説明にソナが質問した。

「1回目の供給曲線と2回目の供給曲線を比べるとどうで
しょう」

「やや左に移動したみたいです」

「そうです。生産費の上昇によって供給が減少したグラフ

均衡点の移動

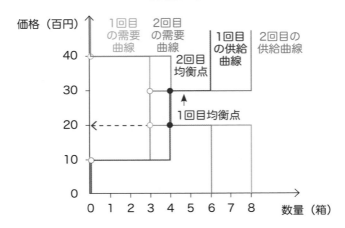

を見ると2回目に生産費が高い供給者が増えたということがわかります。供給が減少すれば、供給曲線は左に移動します。そうすると均衡価格が上がって、取引量は減少しますよね」

「2回目のせりでは、1回目に比べると需要増加と供給減少が同時に起こったので、均衡価格は上がるしかなさそうです」

ソナが言い終えるとすぐ、ジェヨンが付け加えた。

「需要増加と供給減少は、どちらも均衡価格を上げる要因なので、そうならざるを得ませんよね。うーん、だとしたら、需要増加は取引量を増やす要因で、供給減少は取引量を減らす要因ですけど、どちらの影響が大きいかわからな

いときは、取引量の変化が予測できませんね」

「そういうことです。だいぶ理解しましたね」

「けど先生、このグラフ、階段の形なのに、どうして『曲線』っていうんですか？」

シヒョンが慎重に手を挙げながら聞いた。

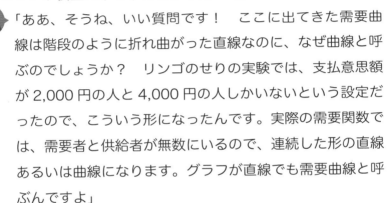「ああ、そうね、いい質問です！　ここに出てきた需要曲線は階段のように折れ曲がった直線なのに、なぜ曲線と呼ぶのでしょうか？　リンゴのせりの実験では、支払意思額が 2,000 円の人と 4,000 円の人しかいないという設定だったので、こういう形になったんです。実際の需要関数では、需要者と供給者が無数にいるので、連続した形の直線あるいは曲線になります。グラフが直線でも需要曲線と呼ぶんですよ」

その説明に納得したシヒョンは何度もうなずいた。

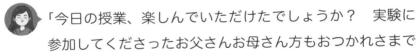「今日の授業、楽しんでいただけたでしょうか？　実験に参加してくださったお父さんお母さん方もおつかれさまでした！　これで授業を終わります！」

Q 1　需要変動と需要量変動の違いは何でしょうか？

　　需要変動は、価格と需要量の対応関係である需要関数そのもの
が変化したことをいいます。116ページで説明したビョルビョル
村の食パンの話を続けながら説明してみましょう。食パンの均衡
価格が400円で維持されていた村に変化がありました。年末に食
パンを食べると翌年、幸運にめぐまれるという噂が広まり、村人
たちが以前よりもよく食パンを買うようになったのです。そのた
め価格と需要量の対応関係が次のように変化しました。

ビョルビョル村の食パンの価格にともなう需要量

価格（百円）	0	2	4	6	…
需要量（個）	50	43	36	29	…

　　新しい需要関数は $Qd\ new = -\dfrac{7}{2}P + 50$ です。Pについて
定める逆関数を作ると $P = -\dfrac{2}{7}Qd\ new + \dfrac{100}{7}$ が新たな需要
曲線になります。もともとの需要曲線はD、新たな需要曲線はD
new と表すことにします。供給曲線は変わっていないので、Sは
そのままにしておきます。

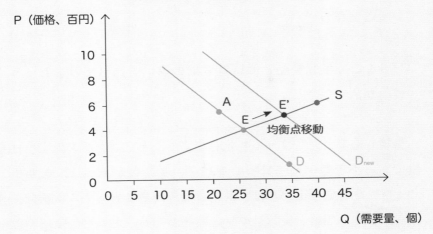

需要増加による均衡点の変化

均衡点がEからE'に移動するのがわかりますね？　上のグラフで見ると、均衡価格は上がり、均衡取引量も増えています。需要が増加するので需要曲線が右側に移動（縦軸方向に＋$\frac{20}{7}$だけ平行移動）しました。もし反対に需要が減少すれば、需要曲線は左側に移動することになります。

　ここで気をつけるべきポイントは、「需要変動」と「需要量の変動」をごっちゃにしてはいけないということです。需要変動は需要関数の変化ですが、需要量の変動は関数の変化ではありません！　需要量の変動は価格と需要量の対応関係、すなわち需要関数はそのままなのに、価格が変わって需要量が変化したことをいいます。D曲線上でA点からE点に移動するのがそのケースです。市場の均衡というのは、最初からぴたりと決まるのではなく、価

格が上がったり下がったりしながら、過不足のない点を探し出していくことなのです。

Q2 ここで供給変動と供給量変動の違いを比べてみましょうか？

. . . .

　供給も需要と同じように変化します。たとえば食パンの主な材料である小麦粉の価格暴騰で食パンの生産費が上がったとしましょう。生産費が上がれば、供給者は各価格に対応する供給量を減らします。価格と供給量の対応関係が変わったので、供給関数が変わったということができ、供給曲線も新しくなりますね。

　このように各価格に対応する供給量がすべて減るとき「供給が減少した」といい、新たな供給曲線が描かれます。もともとの供給曲線と比べて、新たな供給曲線は左側に位置します。反対に供給が増加すると右側に移動します。需要は変化せず供給だけが減少すれば、均衡価格は上がり、均衡取引量は減ります。グラフに描いて実際に確認してみてください！

Q 3　需要と供給が同時に変化したとき、均衡価格と均衡取引量はどう変わるでしょうか？

　もし、需要増加と供給減少が同時に起こると、どちらも均衡価格を引き上げる要因であることから、均衡価格が上がります。でも均衡取引量はどう変化するか予測できません。需要増加は取引量を増やす要因で、供給減少は取引量を減らす要因ですが、どちらのほうがより影響を与えるかはわからないためです。

　また、需要減少と供給減少が同時に起こると、均衡取引量は減りますが、均衡価格の変化は予測できません。このように、需要と供給が同時に変化すると、均衡価格と均衡取引量の変化の方向のうち、一方は予測が可能なのですが、もう一方は予測することができないのです。みなさんもニュースや新聞を見ながら、関心のある商品の市場変化を予測してみてください。

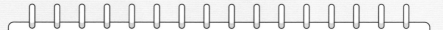

経済学の概念 ここがポイント！

市場原理、これだけは知っておこう！

①均衡価格の決定

　リンゴのせりの実験では、需要曲線と供給曲線を描いてみました。教室での需要者と供給者は限られていて、曲線の形が階段のようになりましたが、実際には需要者と供給者が多数います。供給する製品の品質がすべて均一だと仮定して、需要者の支払意思額と供給者の生産費は無数にあるとしてみましょう。その場合、需要曲線と供給曲線は、次のグラフのようになります。

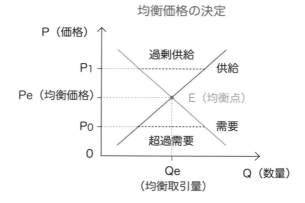

均衡価格の決定

　価格が P_1 だと過剰供給なので、供給者が安くてもいいから売ろうとして、安定的ではなくなり、価格が P_0 ならその逆に

なります。価格がPeだと余ることも不足することもなく、市場は安定的に維持されます。このときPeを均衡価格、Qeを均衡取引量といいます。ほかの条件に変化がなければ、市場はE点（均衡点）にとどまります。

②需要変動と需要量の変動は違う

市場に需要者が増えたり、供給者の生産費が上がったりするなど、価格以外での変化が生じたとき、つまり「ほかの条件が変化する」と話は変わってきます。こうした変化があると、需要関数や供給関数が新たに作られて、均衡点の位置も変わります。以前よりもリンゴが好まれるようになると、リンゴの市場ではすべての価格でリンゴを買おうとする量が増加するでしょう。価格と需要量の対応関係そのものが変わって、需要曲線が新たに描かれますが、これを「需要変

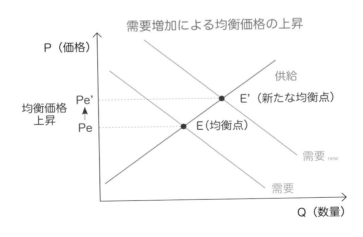

需要増加による均衡価格の上昇

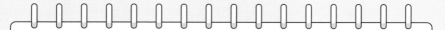

動」といいます。需要が増加すれば、需要曲線は右側に移動し、均衡価格が上がって均衡取引量も増えますね。

　需要が減少すれば、反対に需要曲線が左側に移動して、均衡価格が下がり、均衡取引量も減ります。需要変動の要因としては、気候変化、需要者数の増減、代わりに使用できる商品や、一緒に使うことで満足度が増す商品といった、関連商品（代替財、補完財）の価格変化などがあります。でも、価格の変化による需要量の変化は、需要変動ではありません。これは次のグラフのように、需要曲線上での移動として表れます。このとき、均衡点に変化はありません。

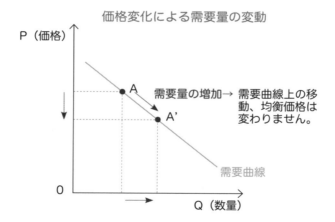

価格変化による需要量の変動

　供給変動も同じです。スマートフォンの生産技術が向上すれば、同じ費用でさらにたくさんの量を作ることができますよね？　すべての価格に対応する供給量が増えて、価格と供

給量の対応関係が変わります。このとき供給曲線は右側に移動して、均衡価格は低くなり、均衡取引量は増加します。供給変動の原因としては、技術の発展、生産費の変化などがあります。このとき価格変化による供給量の変動は、供給曲線上の変化であり、均衡点は変わりません。

③需要を変動させる関連商品、代替財と補完財

　コーラとサイダーのどちらを飲んでもかまわない人たちがいると仮定します。コーラの価格が上がると、サイダーの需要にはどんな影響があるでしょうか？　コーラの価格が上がるとコーラの需要量が減って、代わりにサイダーの需要量が増加するでしょう。このようにX財の価格が上がったとき、Y財の需要が増加すると、X財とY財は代替財の関係にあるといいます。

　もう1つ例を挙げてみましょう。フライドポテトを食べるとき、必ずケチャップをつける人たちがいるとしましょう。フライドポテトの価格が上がると、フライドポテトの需要量は減り、ケチャップの需要もともに減少します。このようにX財の価格が上がったとき、Y財の需要が減少すると、X財とY財は補完財の関係にあるといいます。フライドポテトの価格上昇は、ケチャップの需要曲線を左に移動させます。ケチャップ市場の需要曲線で、フライドポテトの価格は「ほかの条件が変化した」要因であり、ケチャップの価格が変化し

たわけではないからです。このように代替財や補完財の価格
変化は、元の商品の需要曲線を変動させます。

価格↑

需要↓

需要量：一定の期間、特定の価格で買おうとする量

供給量：一定の期間、特定の価格で売ろうとする量

需要：価格と需要量の対応関係

供給：価格と供給量の対応関係

均衡価格：ほかの条件の変化がないとき、安定的に維持
される価格

代替財：X財の価格が上がったとき、Y財の需要が増加す
れば、X財とY財は代替財の関係

補完財：X財の価格が上がったとき、Y財の需要が減少す
れば、X財とY財は補完財の関係

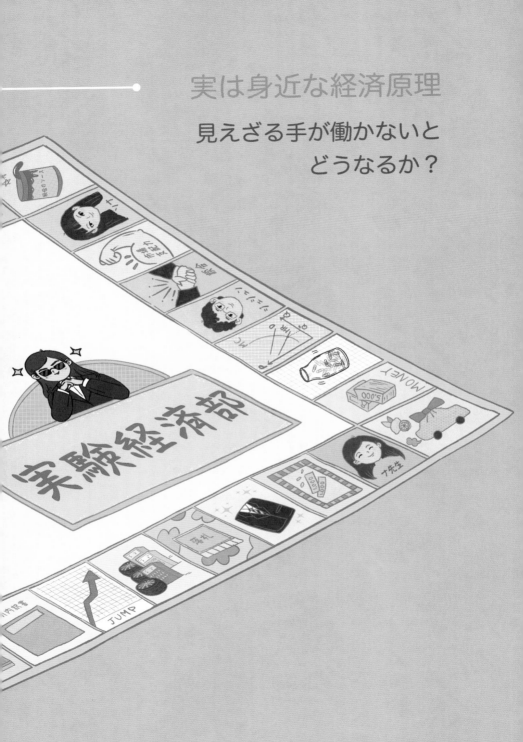

実は身近な経済原理

見えざる手が働かないと
どうなるか？

実験経済部

関連教育課程

社会

・中学校　公民的分野：私たちの暮らしと経済

・高校　公共：経済社会で生きる私たち

・高校　政治・経済：現代日本の経済

数学

・中学校　数学2：確率

・高校　数学A：確率

＊教育課程外：ゲーム理論

01

カルテルは崩壊せざるを得ない？

制服市場の実験 (注11) で見る独占・寡占市場

「マイクロソフトの Windows を使っている人、手を挙げ
てください」

教室に入ってくるなり、ナ先生が突拍子もない質問をすると、
7人全員がいぶかしげな表情で手を挙げた。

「ほとんどの人が使ってるんじゃないですか？　Mac の人
もいるだろうけど」

ジェジュンが言った。

「市場をほぼ独占しているマイクロソフトは、Windows
のプログラムを100ドルちょっとの価格に設定していま
す。でも、こんなふうに市場を独占しているなら、価格を
上げて1,000ドル、1万ドルにしてもいいと思わない？」

「そうかなあ。価格が高すぎたら買う人が減ると思います」

ギョンホが答えた。

「私たちが、制服を独占して生産する企業だと考えてみましょうか。制服を作るのに 1 着あたり 5,000 円の費用がかかると仮定します。市場で 9,000 円まで支払う意思がある需要者は 12 人、7,000 円までが 18 人、6,000 円までが 6 人だとすると、価格をいくらに設定するとき利潤が最も大きくなるでしょうか？」

ナ先生は黒板に表を書きながら言った。

制服市場の需要者の分布A

支払意思額	需要者数
9,000円	12人
7,000円	18人
6,000円	6人

寡占と談合、なぜ企業はリスクを冒してまで談合するのか？

「制服の価格を 1 万円より高く設定したら、1 着も売れませんね。9,000 円だと利潤はいくらになると思いますか？」

「12 着売れるだろうから、売上額は 9,000 円 × 12 着＝10 万 8,000 円、ここから総生産費の 5,000 円 × 12 着＝ 6 万円を売上額から差し引くと……利潤は 4 万 8,000

円です！」

ソナがゆっくりと話しながら計算していると、チャンミンがぱっと計算し終えて、大きな声で叫んだ。

「7,000円！　7,000円のときに利潤が最大になります！計算すると、価格が7,000円のときは利潤が6万円になるんです。6,000円だと3万6,000円で」

「価格が高ければ利益が大きくなるってわけじゃないのか」

「需要者の支払意思額によって、独占企業が利潤を最大にできる価格水準が変わってきそうですね。よく見極めて価格を決定しなければいけないんですね」

シヒョンに続いて、ジェジュンも発言した。

「そうですね。ここからは3つの制服メーカーがあることにしてみましょう。メーカーの役をしたい人？　早い者勝ちです！」

ギョンホ、チャンミン、シヒョンがさっと手を挙げた。

「では、ギョンホ、チャンミン、シヒョンが、それぞれ制服メーカーだとしましょう。3人で価格と生産量を決めてもらいます。利潤は3等分してそれぞれに分配します。制服1着あたりの生産費は5,000円で、市場の需要者の分布はこうなります」

ナ先生は黒板に制服市場の需要者の分布を書いていった。

制服市場の需要者の分布B

支払意思額	需要者数
2万円	3人
1万5,000円	1人

 「メーカー役以外の4人は需要者役です。制服にいくらの
価値を感じているかという支払意思額が、それぞれここに
書いてあります」

　ソナ、ジェヨン、ジェジュン、ギュヒョンが、制服に対する支
払意思額が書かれた紙を1枚ずつ受け取った。

---

①

あなたは制服の需要者で、支払意思額は2万円です。

あなたの追加利益は「2万円ー支払額」です。

---

②

あなたは制服の需要者で、支払意思額は1万5,000円です。

あなたの追加利益は「1万5,000円ー支払額」です。

---

　①の紙は3枚、②の紙は1枚。誰がどの紙を受け取ったかはわ
からない。制服メーカーになった3人は、集まって相談した。

「価格は2万円にするべきだな。それなら3人買うだろうし、そうすれば売上額が6万円、ここから総生産費1万5,000円を引いても、利潤は4万5,000円」

「そうだな、そうしよう。価格は2万円にして、3人で1着ずつ生産しよう。利潤は等分にしたら1万5,000円ずつってことだな」

ハイタッチをしながら、ギョンホ、チャンミン、シヒョンの3人は相談を終えた。

「制服メーカーさんたち、準備はいいですか？　じゃあ始めましょう！」

「さあ、制服を販売しますよ！」

ギョンホがまず1着をソナに2万円で売り、チャンミンとシヒョンもそれぞれ1着ずつ2万円で売った。計画どおり、利潤を1万5,000円ずつ分けあった。

「あれっ、なんだかつまんなくないですか？　僕たちの予測どおりになっちゃって」

シヒョンが言った。

「だけど利潤はたくさん得ましたよね。今度はちょっとやり方を変えて売ってみましょうか。制服メーカーさんたち！　今と同じですが、1つだけ変更します。3人は離れ離れに座ってもらうので、いくらで制服を売ったか、ほかのメーカーにはわからないように隠すことができます！」

「それでも僕たち、ちゃんと約束は守りますよ！　需要者

の分布は同じですか?」

シヒョンが質問した。

「需要者の分布も同じです。それでは、制服メーカーの3人は、それぞれ離れた場所で制服を売ってみようか?」

カルテルの崩壊、
シヒョンが制服を1着も売れなかった理由

　シヒョンのところに行って何やら話をしていたジェジュンは、ギョンホのところに行って制服を買った。ソナとギュヒョンも最初はシヒョンとチャンミンのところに行ったが、結局はギョンホから制服を購入した。その様子を見ていたチャンミンは、最後に残った需要者のジェヨンをつかまえて、何やら話をすると、制服を売った。取引はすべて終了し、購入状況をみんなで共有することになった。

　ジェジュンがまず話しはじめた。

「僕の支払意思額は1万5,000円でした。だから2万円だと制服が買えなくて。シヒョンは2万円で売るというので、そこでは買わずに、ギョンホのところに行きました。そしたら1万5,000円で制服を売ってくれたんです」

「私は支払意思額が2万円だったけど、ギョンホが安く売るみたいだったので、ギョンホのところに行きました」

「私もです」

ソナとギュヒョンが言った。

「じゃあ、3人とも1万5,000円で買ったというわけね？ では、ジェヨンはいくらで買ったのかしら？」

「私もギョンホのところに行こうとしたんですけど、チャンミンに呼び止められて、もっと安く売るからって言われて。それで1万4,000円で買いました」

「おまえら、約束守らなかったのか？ 2万円で売るって決めてたのに！」

シヒョンが、ギョンホとチャンミンをにらみつけた。

「最初は守ろうと思ったんだよ。それなのにあいつがおかしなマネをするもんだから……」

「ありえないだろ！」

「あらあら、メーカー同士、ケンカしちゃったわね！ でも、こんなふうになってしまうものなんです。みんなは今、カルテル（cartel）の崩壊を目撃しているんですよ！」

ナ先生が3人の言い争いを止めながら話した。

「カルテル？」

シヒョンが聞き返した。

「そうです、このように1つの市場に企業がいくつもない場合を『寡占（かせん）』といい、寡占の企業同士で価格や生産量などを決めることを『談合』といいます。談合とはいわば、3社が交わす約束のことです。そのように価格、生産量などについての協定を結んでできた独占形態の企業連合をカ

ルテルと呼ぶんです。通常は、最大の利潤を得るために価格を決めるので、供給者が多い市場に比べて価格が高く設定されます。企業が少ないので当然、供給量も少なくなります。だけど、談合が守られるのはなかなか難しそうですよね？」

「談合を維持するほうが、互いにとっていいような気がするけど」

そう反応したシヒョンに、ギュヒョンが声を張り上げた。

「ちょっと、自分たちで手を組んで価格を吊り上げることの何がいいの？　消費者をバカにしてるわよ！」

「違う違う、企業の立場ではってことだよ！　そうなってほしいなんて言ってないさ」

シヒョンがとっさに言い返した。

「でも、企業が談合の約束を守るのは、口で言うほど簡単じゃないんです。シヒョンは２万円で売ろうという約束を守ったけれど、ギョンホとチャンミンは守らなかったのを見れば、わかりますよね。しかも、制服はそれぞれ１着ずつ作ることにしていたのに、ギョンホは２着も多く作ったわけだし！　約束を守ったシヒョンだけが、5,000円かけて作った制服を売ることができず損したわけよね」

ナ先生が言った。

「僕は、自分が約束を守らなくても、ほかの企業は約束を守ると思ったんです。いずれにせよ僕の選択が優れていま

CARTEL

20,000円

14,000円
Sold out

15,000円
Sold out

20,000円

yeah~

oh yeah~

チャンミン   ギョンホ   シヒョン

したね。ちょっと安く売ったら、消費者が殺到して大きな利益を上げたんですから！」

「僕は、ギョンホが約束を破ったのを知って、このままだと自分だけ損すると思いました。それで、約束を反故（ほご）にして安く売ったんです」

ギョンホの主張に、チャンミンも負けじと発言した。

「結局、ほかの企業が約束を守ると考えるにしろ、そうでないにしろ、約束は守らないほうが有利じゃない？」

「だとしたら、談合は破られるものってことだよね！」

ソナとジェヨンが言った。

「ええっ、約束を守ればお互いにとってもいいわけでしょ？　そこを考えないと！」

ギュヒョンが言った。

「だけど先生、談合は破られてしまうものだっていうし、僕たちの実験でも本当にそうなったけれど……実際に僕たちが制服を買ったときは、制服メーカーがつけた価格はほとんど同じでしたよ。冬用の制服は４万円近い価格だったんです。うちのお母さんが高すぎるって、ほかの店も２カ所回ったけど、価格はほぼ一緒だったと思います」

「そうそう。僕のお母さんもすごく高いってぼやいてた」

「うちもそうだった」

ジェジュンの話に、シヒョンとギュヒョンも同感した。

「さっきの２度目の制服市場の実験は、１回だけで終わり

ましたね。でも、現実では１回では終わらずに、ずっと
続きます。談合には３社が参加しましたが、１社が約束
を守らなければ、その企業に対する報復もありえます。価
格競争になって互いに価格を下げれば、結局は自分たちが
損するとわかっているので、きちんと約束を守る場合もあ
ります。実際に制服メーカーの談合が問題になったことも
あるんですよ！　寡占企業が談合を行うと消費者が被害を
こうむるので、国が法律で禁じているんです」
談合が不法だというナ先生の話に、ギュヒョンが言った。
「そうよ、そうでないと約束も守られないし！」
「そうよね。制服代ってホント、バカにならないんだから」
ジェヨンが付け加えた。
「談合行為は不法だと定められていますが、摘発するのは
簡単ではないんです。談合する企業は、政府の取り締まり
にひっかからないように、ばれないような巧みな手口を編
みだしているの」
「さすがだな！　儲けるには頭を使わなくちゃ！」
「そんなこと言っていいわけ？　法律は守らないとダメよ」
ギョンホの発言に、ギュヒョンがピシャリと言った。
「それで、談合が発覚したことはないんですか？　政府も
どうにかして見つけ出そうとすると思うんですけど」
「ありますよ。公正取引委員会で毎年、数十件の談合を摘
発して、課徴金を支払わせています」

ギュヒョンの質問に、ナ先生がそう答えた。

「私、子どものころ、インスタントラーメンのメーカーが談合したって話を聞いたことがあります！」

「そうね。そういうことがありましたね」

「でも、巧みな手口ってどういうものですか？」

ソナが聞いた。

「うーん、先生も詳しくは知らないけれど、談合する企業同士で実際に会議をしたり、価格を吊り上げようと電話で話したりといったことはしないそうよ。代わりに、市場シェア率が高い企業がまずは価格を上げるの。そうするとほかの企業もそれに従って価格を上げるといったふうに談合すると聞くわね」

「課徴金はどれくらいだったんですか？」

ギョンホが質問する。

「ラーメンのメーカーが談合したときは、総額100億円以上だったみたいよ」

「すごい！　とんでもない額ですね！」

「でも、談合を禁止すれば、企業同士の価格競争が激しくなるんじゃないですか？　僕たちがそうだったみたいに」

「チャンミンが言うように、そうなることもありますね。でも、企業も価格競争をしてもお互いいいことはないとわかっているから、そうなるケースは多くないみたいです。それでは、今日はここまでにしましょう！」

数学的思考をプラスしよう⑤

・経済学の概念：寡占、談合
・数学の概念：ゲーム理論

Q1　戦略的状況に置かれている 2 つの会社があります。どうすれば広告費を減らすことができるでしょうか？

　　何かを決定する前、ほかの人の行動も考慮したほうがいいということが、しばしばあります。自分に生じる利益が、自分だけでなく、ほかの人からの影響も受けるとき、「戦略的状況に置かれている」と表現します。そのような戦略的状況で、どのように意思決定されるかを分析した理論を「ゲーム理論」といいます。ゲーム理論は、経済学の領域でありながら応用数学の一領域でもあり、政治学、生物学（進化論）、哲学など、さまざまな分野で活用されます。では、戦略的状況に置かれている次の 2 つの会社の意思決定をゲーム理論で分析してみましょう。

　ビョルビョル国でスマートフォンを生産している会社は、A 社と B 社の 2 社だけです。両社は激しく競争しながら製品を販売し、新製品の開発にも力を注ぎます。A 社が B 社より盛んに宣伝すれば A 社の製品がよく売れ、逆の場合も同じようになります。
　けれど、両社が同時に広告を打つと、多額の広告費がかかる割

に効果がありません。そこで、2社は広告を少なめにしようと約束を交わしました。どちらも約束を守り、広告を少なくすれば、それぞれ8億円の利得が生じます。ところが、どちらの会社も約束を破って広告を多く出すと、利得は4億円です。一方は約束を守ったのに、もう一方が守らなかった場合は、守ったほうには1億円、守らなかったほうには10億円の利得が生じます。

広告量による各社の利得

		B社	
		約束を守る (広告少なめ)	約束を守らない (広告多め)
A社	約束を守る (広告少なめ)	8億円　8億円	1億円　10億円
	約束を守らない (広告多め)	10億円　1億円	4億円　4億円

　それでは、A社の立場ではどう行動するのが有利なのか調べてみましょう。ただし相手の戦略は決まっていると仮定します。それに対し自分に最も有利な戦略を「最適反応」といいますが、じっくり考えて、上の表に、A社の最適反応を○、B社の最適反応を△で示してみましょう。

　まず、B社が約束を守ったと仮定して、A社の最適反応を求めてみましょう。約束を守れば8億円の利得があり、守らなければ10億円の利得を上げるので、約束を守らずに広告を打つほうが

160

有利です。

　今度はB社が約束を守らないと考えてみましょう。B社は約束を破ったのにA社は約束を守って広告を少なめにすると、A社には1億円の利得があり、両社とも約束を破って多くの広告を打てばそれぞれ4億円の利得を上げます。この場合も、約束を守らないほうが有利です。B社の立場から見てもそれは同じです。

　160ページの表を見ると、両社の最適反応同士が出合う場所がありますね？　このように最適反応同士が出合う地点を「ナッシュ均衡^(注12)」と呼びます。A社、B社どちらも約束を守らないことが唯一のナッシュ均衡ですね。両社ともに、相手が約束を守ろうと守るまいと、自分たちは約束を破って相手に利得を上げさせないようにすることが最適の選択というわけです。どちらも約束を守って広告を少なく打ち、8億円ずつ利得を上げればいいように思うのですが。

　実験経済部の実験で、制服メーカー同士、談合を行ったのに約束が守られなかったのも、同様に分析することができます。私たちも、生活の中でこうした戦略的状況に遭遇することがけっこうあります。近接する2つのデパートで、セール期間や割引率を決めるときも、相手の戦略を考慮しなくてはなりません。囲碁やチェスをするときも、自分の一手がいい手になるか悪い手になるかは、相手の次の手にかかっている場合が多いのです。

　戦略的状況で、相手の行動はすでに決まっていると考えて、自分がどのような行動をとるのが有利なのか予測してみましょう！

ただし、ナッシュ均衡が1つだけなら行動を予測しやすいですが、場合によってはナッシュ均衡がいくつも存在したりします。このようなときは、過去の経験と選択から積み重ねたデータが行動に影響を与えたりもします。

　私たちの実生活で活用できるゲーム理論、とてもおもしろいですよね。

02

元祖トッポッキの価格が
50円高い理由

独占的競争市場と完全競争市場の違い

「今日は少し足を延ばして、みんなでお昼を食べに行きましょうか？　新堂洞のトッポッキタウンはどう？　トッポッキ鍋の専門店が集まる通りよ！」

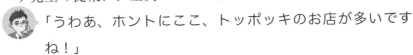「やった！　トッポッキタウンだったら、おいしいお店も選びやすいですね！」

ナ先生の提案に、全員でバスに乗って新堂洞に向かった。

「うわあ、ホントにここ、トッポッキのお店が多いですね！」

「どこがうまい店なんだろう？　それにしても、『元祖』ってついてる店がやけに多いですね」

チャンミンとギョンホが言った。

「そうね。だけど先生は本物の元祖がどこか知ってるわ！」

一同はある店に入り、ナ先生がトッポッキを注文した。

独占的競争市場、
製品差別化は供給者に価格決定力を与える

　ぐつぐつと煮えていくトッポッキを見ながら、ナ先生が言った。

「ここが本当の『元祖』トッポッキ鍋店よ。価格はほかの
　お店よりちょっぴり高めね。50円くらい」

「どこも同じトッポッキじゃないんですか？」

「リンゴ市場の実験で教わったように、均衡価格が決まっ
　たら、それに従わなくちゃいけないんじゃないですか？
　これは寡占市場でもないですよね。こんなにたくさんお店
　があるんだから」

　ジェジュンとギュヒョンが順に質問した。

「リンゴ市場の実験のとき、同じ品質のものを生産する、
　たくさんの供給者と需要者がいる市場だと話したことは覚
　えてる？」

「ああ、そうでしたね。品質が同じだって」

　ジェヨンが取り出したメモを見ながら答えた。

「品質が同じときは、見えざる手によって市場で価格が決
　定されると、需要者も供給者も価格に影響を与えることが
　できないと教えたわね。でも、このお店はトッポッキのソー
　スがほかのお店とは違うの！　それがポイントよ」

「品質が違えば、お客さんを多く呼び込めるんですね！」

ギョンホが目を輝かせながら言った。

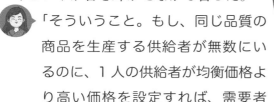

「そういうこと。もし、同じ品質の
商品を生産する供給者が無数にい
るのに、1人の供給者が均衡価格よ
り高い価格を設定すれば、需要者
をみんな取られちゃう。だけどトッポッキのお店のように
独自の技術やノウハウで差別化できれば、多少は価格に影
響を及ぼすことができるというわけなの」

「へえ、市場のタイプもさまざまあるんですね」

ジェヨンが驚いたように言った。

「リンゴ市場の実験で仮定したように、同じ品質を生産す
る多数の供給者と需要者がいる市場を『完全競争市場』と

いいます。一方で、このトッポッキ鍋市場のように、供給
者は多いけれど少しずつ商品が差別化されている市場は
『独占的競争市場』というのよ」

「それじゃあ、供給者が商品価格に影響力を与える程度は、
『独占＞寡占＞独占的競争＞完全競争』市場の順序になり
ますね？」

ジェヨンが手帳にメモをしながらそう言った。

需要独占、
需要者が価格決定力をもつ

「供給者の価格決定力が最大になるのは独占市場だ、とい
うのは合ってるわ。でも寡占の場合、企業が競い合うこと
もあれば、ともに行動することもあるから、状況によって
変わってくるの。そしてもう１つ！ 必ずしも供給者だ
けが独占するわけではないのよ」

「え？ 需要者が独占する場合もあるってことですか？」
ソナが驚いた表情で聞いた。

「たとえば、自動車部品を納める会社は多いのに、自動車
メーカーが１つしかなかったら、自動車部品市場は需要
独占になるの」

「となると、需要者が価格に影響を与えそうですね」
「ここでは部品を買う自動車メーカーが需要者になるから、

　メーカーが部品の価格に影響を与えそうですね」

ナ先生の話に、ソナとジェヨンが反応した。

「そういうことになるわね」

「スティーブ・ジョブズが iPhone を初めて発表したとき、
アップルは供給でも需要でも独占状態だったと思います。
スマホが欲しければ iPhone を買うしかなくて、スマホの
部品を生産する会社も、アップル以外に納品するところは
なかっただろうし。当時はアップルが強力な市場独占力を
もっていたんだろうと思います」

ジェヨンがアップル社を例に挙げてまとめた。

「今日はトッポッキを食べに来てホントによかったわ。自
然と勉強になったわね」

ナ先生がそう言い終わるころ、トッポッキ鍋がちょうど食べご
ろになった。みんなはいっせいに箸を伸ばして食べはじめた。

03

なぜ人は悪い車を
選んでしまうのか？

中古車市場実験 ^(注13) で学ぶ情報の非対称性と逆選択

中古車市場実験 [注13] で学ぶ情報の非対称性と逆選択

「みなさん、中古車市場にようこそ！」

　暑さの中、グラウンドで汗だくになりながらサッカーをして教室に入ってきた実験経済部の生徒たちに、ナ先生が手を振りながら言った。

「あの……従兄も一緒に来たんですけど、いいですか？大学で経済学を学んでいて、僕たちの授業を見てみたいって言うんです！」

ギョンホが隣に立っている従兄を指しながら言った。

「もちろんよ。よく来てくれたわね！　じゃあ、みんなでさっぱりしたレモネードでも飲みながら、授業しようか？」

「おお！　先生、最高！　ありがとうございます！」

生徒たちが飲み物を受け取って順々に着席すると、ナ先生が元気な声で言った。

「それぞれの机の上に紙が置いてありますね？　今日実験する中古車市場での役割分担を書いておきました」

例1　　　　　　　　中古車市場　役割情報

1回目の市場：中古車ディーラー（仲買人）

利益＝（中古車1台の平均市場価値×購入した中古車数）－中古車購入に支払った金額

2回目の市場：悪い中古車のオーナー

利益＝販売価格

例2　　　　　　　　中古車市場　役割情報

1回目の市場：良い中古車のオーナー

利益＝販売価格－160万円

2回目の市場：悪い中古車のオーナー

利益＝販売価格

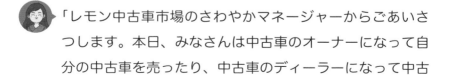「レモン中古車市場のさわやかマネージャーからごあいさつします。本日、みなさんは中古車のオーナーになって自分の中古車を売ったり、中古車のディーラーになって中古

車を買ったりするためにここに来ています」

「ディーラー？」

シヒョンが聞いた。

「そう。ディーラーは、中古車を別の消費者に再販売して差益を出すことを目的に、中古車を買い取る人のことです。ここでは中古車のオーナーから車を買う、購入者というわけね。自分の役割が購入者か販売者か、確認してみましょう！」

ナ先生の呼びかけに、生徒たちは渡された紙を読んで、自分の役割を確かめた。

「中古車のオーナーなら、自分の車が良い車なのか悪い車なのか、紙に書いてあるはずです。だけどこの情報はシッ！　絶対に内緒ですよ！　悪い車のオーナーも良い車のふりをして売ればいいですよ！」

「嘘をつけってことですね？」

ギョンホの言葉に、チャンミンが切り返す。

「嘘をつくわけじゃない。ただ黙っていればいいんだ」

「みんな、こんなふうに考えたらどう？　人は自分に有利な情報はすんなり教えるけれど、不利なことは隠そうとする傾向があるそうよ。自分が乗っていた車を売るとしたら、おそらく車のオーナーである自分のほうが、購入しようとする側より車の状態をよく知っているけど、購入する側が知っているのは『20××年式　車種○○』といった

基本情報のみですよね。今回の実験では、中古車の外観だけでは良い車か悪い車かを見分けられません。だから悪い車のオーナーは、自分の車の状態を明らかにしたがらないんです」

ナ先生の説明に、ギョンホとチャンミンがうなずいた。

「さて、こちらのレモン中古車市場では、良い車のオーナーは、最低160万円でないと売る気がありません。160万円以下で売るくらいなら、もう少し自分が乗ろうという考えです。悪い車のオーナーは、とにかく売りたくて、売れなければ処分しようと考えています。そして、中古車のオーナーが売ることができるのは1台だけです」

「ディーラーはどうやって中古車を買い取ればいいんでしょう？　私はディーラー役なんですけど……あれっ、言っちゃダメなんでしたっけ？」

うっかり口をすべらせたジェヨンがあわてた。

「いいえ、ディーラーだということは言っても大丈夫よ。ディーラーは何台か中古車を買うことができます。買取価格を提示して、中古車のオーナーに会ってください。もちろん価格交渉も可能です。ただし、数台買う場合も『1つの価格でのみ』買い取らないといけません」

「ディーラーの利益はどうやって計算するんですか？」

ギョンホが質問した。

「ディーラーは中古車を買い取ったあと、消費者に販売し

ます。消費者の支払意思額は、良い車に対しては 350 万円、悪い車には 50 万円までです。なので、ディーラーの利益は『（中古車 1 台の平均市場価値×購入した中古車数）－中古車購入に支払った金額』で計算すればいいですよ！」

「え？　中古車 1 台の平均市場価値って何ですか？」

シヒョンが聞いた。

「いい質問ですね。みんな、ここにはレモン中古車市場に中古車を売りに来た車のオーナーが 6 人いますが、良い車と悪い車は半分ずつあると考えてみてください。そうすると中古車の平均的な価値はいくらになるでしょう？」

「良い車 350 万円と悪い車 50 万円のちょうど中間くらいだろうから、200 万円じゃないでしょうか！」

ジェジュンが言った。

「では、4 人の車は良い車で、2 人の車は悪い車だとしてみましょう。6 台すべて取引きされたとすると、このときの平均的な中古車の価値は？」

「250 万円！」

チャンミンが手をさっと挙げて言った。

「チャンミンは本当に計算が速いわね！　では、一緒に考えてみましょうか。$\dfrac{（350万円×4台）＋（50万円×2台）}{6台}$ ＝ 250 万円、こんなふうに計算したのよね？　これが中古車 1 台の平均市場価値になります。では、この市場で

ディーラーが中古車2台を1台あたり100万円で買った
としたら、ディーラーの利益はいくらでしょう？」

「中古車1台の平均市場価値が250万円だから、2台買っ
たら500万円で、ここからディーラーが支払った200万
円を引くと、利益は300万円ですね！」

今度もチャンミンがパッと計算して答えた。

情報の非対称性、
中古車1台あたりに期待できる価値は？

「それでは1回目の中古車市場を始めましょうか？　ただ
いまから、私、さわやかマネージャーがお伝えします。市
場を開く前に、いい情報のお知らせがあります！　1回
目の市場には、良い車3台と悪い車2台があるそうです
よ！　では、取引開始」

　1回目の市場のディーラー役は、ジェヨン、ギュヒョン、ギョ
ンホだった。

　ジェヨンは「220万円で買います」と書いた紙を持って、教室
の前の窓際の隅に立った。ギュヒョンは「110万円で買取！」と
書かれた紙を持って、ロッカーのある場所に腰かけた。もう1人
のディーラー、ギョンホは価格を提示せずに静観していた。ジェ
ジュンがジェヨンのところに行って、価格交渉を始めた。

「ジェヨン、僕の車は良い車だから、消費者には350万円

で売れると思うんだ。特別に 300 万円で売ってあげるよ。それでも 50 万円も利益が出る」

「私は 220 万円以上は出せません」

「えっ、これ、良い車なんだぜ。信じないの？」

　ジェヨンがまったくのってこないので、ジェジュンはほかのディーラーのところに行ってしまった。今度はチャンミンがジェヨンに近づいてきた。

「あの、僕の車、買いますか？」

「そうですね。220 万円で取引きしましょう」

　2 人はあっさりと契約を進めた。

　少しして、取引会場が静かになっていくと、ナ先生は「1 回目の市場が終了しました！」と告げ、ディーラーが提出した取引契約書の内容を表に記入し、教室のスクリーンに映し出した。

「あら、ジェジュンはジェヨンに売ったんじゃなかったの？　いつギョンホに売ったのかしら？」

　ナ先生がジェジュンのほうを見た。

「それが……最後にようやく売れたんです。最初はジェヨンに、ホントに良い車だから 300 万円で買ってほしいと言ったんですけど、ジェヨンがその価格では買わないって言うもんだから。じつは交渉しようと思っていたのに、最初の価格にばかりこだわるから、ちょっと癪に障って。でも、ギョンホは価格を少し上げてくれたんです！」

「そうだったの、よかったわね。じゃあ、ディーラーのジ

1回目の市場、中古車購入記録表

中古車ディーラー ギュヒョン

中古車オーナー (販売者)	購入車両の 登録番号	取引価格	購入後わかった 車の状態
ソナ	A2	110万円	悪い

中古車ディーラー ジェヨン

中古車オーナー (販売者)	購入車両の 登録番号	取引価格	購入後わかった 車の状態
チャンミン	A1	220万円	悪い
シヒョン	F1	220万円	良い

中古車ディーラー ギョンホ

中古車オーナー (販売者)	購入車両の 登録番号	取引価格	購入後わかった 車の状態
ギョンホの従兄	F3	230万円	良い
ジェジュン	F2	230万円	良い

ェヨンの事情も聞かせてもらえる？」

「はい、私は220万円に価格を設定して、それ以上では交渉しませんでした。良い車が3台、悪い車が2台あるということだったので、それがすべて取引きされた場合の、中古車1台の平均市場価値を計算してみると、$\dfrac{(350万円 \times 3台) + (50万円 \times 2台)}{5台} = 230万円$ になるんです。私が車1台あたりに期待できる価値は、230万円というわけです。だから1台あたり10万円程度の収益を出すと考えて、価格を220万円に決めました」

「おお、なんだか論理的！ ってあれ？ 表を見ると……ギュヒョン、損してないか？」

ギョンホが、ジェヨンの話に感心しながらギュヒョンに声をかけると、チャンミンがかっとなって代わりに答えた。

「もちろん損してるさ。ギュヒョンは50万円にしかならない車を110万円も出して買ったんだから」

「では、ディーラーのジェヨンの利益から確認しますか？」
ナ先生は黒板のほうに行って、ジェヨンの利益を計算した。

> ディーラー　ジェヨンの利益：
> (350万円×1台＋50万円×1台)－(220万円×2台)
> ＝－40万円

「あれっ、ジェヨンまで？」

「いったい中古車価格はいくらに設定すればよかったん
　だ？　ホントに難しいな！」

シヒョンとジェジュンが言った。

「ディーラーのギュヒョンの利益は簡単に計算できるわね。
　110万円で買って50万円で売るから、60万円の損失。
　ギョンホの利益も見てみましょう。230万円で買った車
　を消費者に350万円で売ることができそうだから、1台
　あたり120万円の利益です。3人のディーラーで唯一利
　益を上げています。今回もギョンホがトップね！」

> ディーラー　ギョンホの利益：
> （350万円×2台）−（230万円×2台）＝240万円

「ギョンホは慎重に様子をうかがって、いちばん高い価格
　で買い取ると言いながら、ジェヨンの客を奪っていったっ
　てわけね……」

ぶつぶつ言うギュヒョンに、ソナがこう言った。

「ギョンホの戦略がいつでも通用するとは限らないわよ。
　だって、もしギョンホの従兄の車が悪い車だったとした

ら？　50万円しかしない車を230万円も出して買うこと
になるじゃない」

「私は市場価格の平均を計算して価格をつけたから、中古
車オーナー全員が私に売っていれば、この戦略は正しかっ
たはずなんだけど……。悪い車ばかり買う可能性もあるっ
てことを見落としてた」

ジェヨンは残念そうな顔をした。

逆選択、
中古車市場で良い車を買うことができるか？

　しばらくすると、ナ先生がまたもやさわやかマネージャーに変
身して、2回目の中古車市場についての情報を伝えた。

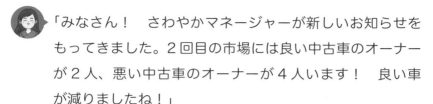「みなさん！　さわやかマネージャーが新しいお知らせを
もってきました。2回目の市場には良い中古車のオーナー
が2人、悪い中古車のオーナーが4人います！　良い車
が減りましたね！」

「2回目の市場でのみなさんの役割を確認してください！
今回のディーラー役は誰でしょうか？」

ソナとギョンホの従兄がそっと手を挙げた。

「ディーラーのおふたりの幸運を祈ります。それでは2回
目の中古車市場、スタート！」

今回は2人のディーラーのどちらも、買取価格をすぐには提示
せずに、ぐずぐずしていた。ギョンホの従兄が紙に何かを書きは
じめると、ソナが近寄っていった。

「何してるんですか？」

ギョンホの従兄　「中古車の平均市場価値を計算しているところ
　　　　　さ。良い車が2台、悪い車が4台だから、6台すべて取
　　　　　引きされたとすると150万円だな。ってことは……」

ソナとギョンホの従兄は、ひそひそ内緒話をすると、教室の真
ん中あたりに並んで座り、価格を掲示した。どちらも40万円で
中古車を買い取るという。

「手を組んだのか？　どっちも40万円で買うって？」

掲示された金額を見て驚いたギョンホが大きな声で言った。隣
で見ていたジェヨンが、ソナに近づいて聞いた。

「ディーラーのソナさん、170万円なら私の車を売りま

す。まだ取引きしてないから価格調整は可能ですよね？」

「いいえ、40万円でしか買いません。申し訳ありません
が、価格調整には応じかねます」

　丁寧な言い方だったがソナはきっぱりと断った。ジェヨンはギョンホの従兄のところにも行って取引を試みたが、結果は同じだった。状況を見守っていたギュヒョンが、ソナに声をかけた。

「40」

「40！」

　2人は40という数字だけを短くやりとりして、取引を成立させた。その後、何人かが真剣に話を交わして、取引を完了させた。

　ナ先生は2回目の市場の取引内訳を整理し、教室のスクリーンに映し出した。

「今回は悪い車ばかり取引きされたのね！　良い車のオーナーは誰だったの？」

　ナ先生の問いかけに、ジェヨンとギョンホが手を挙げた。

「私たちです！　どちらのディーラーも40万円で買うと
言って、交渉にも応じてくれなかったんですよ」

　ざわめく生徒たちのあいだでギョンホが言った。

「自分の車が良い車だって証明できて、ディーラーも良い
車をもっと高い価格で買い取る気があったら、僕も売るこ
とができたと思います」

「そうね、そこが問題だったわね。中古車のオーナーは自
分の車についてよくわかっているけれど、購入しようとす

2回目の市場、中古車購入記録表

中古車ディーラー　ギョンホの従兄

中古車オーナー （販売者）	購入車両の 登録番号	取引価格	購入後わかった 車の状態
チャンミン	B1	40万円	悪い
ジェジュン	B2	40万円	悪い

中古車ディーラー  ソナ

中古車オーナー （販売者）	購入車両の 登録番号	取引価格	購入後わかった 車の状態
ギュヒョン	B3	40万円	悪い
シヒョン	B4	40万円	悪い

る側は、それが本当に良い車なのかどうか判断できないということです。そうしたことを経済学では『情報の非対称性』と呼びます。需要者と供給者の一方だけが情報を十分にもっているケースです。ディーラーは良い車を購入したいのに、良い車か悪い車かについての情報が不足した状態で選択していたら、結果的に悪い車を選択する可能性が高くなりましたよね。これを『逆選択（reverse selection）』といいます」

ナ先生の説明を熱心にメモしていたジェヨンが付け加えた。

「情報の非対称性の状態では、情報が不足した側が望まない選択をする可能性が高まり、これを逆選択という。そうまとめればいいでしょうか？」

満足そうにうなずきながら、ナ先生がみんなに聞いた。

「みんな、レモンは好き？」

「いきなりレモン？　すっぱいから好きじゃないです」

チャンミンが言った。

「そうね、チャンミン。レモンはすっぱいでしょう。見た目はきれいで、ぴかぴかしているのにね。だから悪い車のことを『レモン』と呼ぶの。中古車市場は、レモンがたくさんあるという意味で『レモン市場(lemon market)（注14）』とも言われるわ。情報の非対称性が発生して、情報が不足した中古車購入者たちがレモンばかり選択する、つまり逆選択が発生する市場ね。あるノーベル賞受賞者も、中古車市場で『レモン』を引いてしまったことがあるそうよ」

ナ先生の話に聞き入っていたギョンホが質問した。

「本当に中古車市場では良い車を買えないんですか？」

「そうね、レモンの話が出たついでに、レモネードでも飲みながら少し休みましょうか？　休憩しながら、良い車を購入する方法を考えてみましょう」

04

ノーベル賞を2度も受賞させた
レモン市場

シグナリングとスクリーニングでレモン市場に対処する法

「みんな、レモネードはおいしかった？　さっき話し合いましょうと言ったのは……」

「良い車か悪い車かを見分ける方法ですよね！」

とソナ。

「そうですね、中古車のオーナーは自分の車についてよくわかっているけれど、買おうとする側からはどんな車なのかわからない。そんな『情報の非対称性』が発生して、結局、購入者は悪い車を選ぶ可能性が高い『逆選択』の状況に置かれます。それなら、情報の非対称性の状況を解消すれば、逆選択の問題も解決されるんじゃない？　自分の車が良い車だということを証明するためには、どうしたらいいでしょう？」

ナ先生の質問に、しばらく教室がしんとなった。

シグナリングとスクリーニング、情報の非対称性の状況を解消すれば、逆選択問題も解決するか？

ソナがまず口火を切った。

「健康診断みたいに、車の点検をしてそれを見せたらどうでしょう？　普段から車をメンテナンスしながら、いつエンジンオイルを替えて、どうメンテナンスしたか記録しておいて、提示するのもいいかもしれません」

続いて、シヒョンが発言した。

「自分の車が本当に良い車なら、購入後1年間は、故障したら無料修理を保証してあげると思います。そうすれば信用して買ってくれると思いますけど」

2人の意見に、ナ先生は満足そうな笑顔を浮かべた。

「とてもいいアイディアね。『中古車健康診断表提出』『中古車1年保証制度』。これは情報をたくさんもつオーナーの立場から、自分の車が良い車だという情報を相手に提供し、情報の非対称性を減らす方法ですね。『本当に良い車』だというシグナルを送るという意味で『シグナリング（signaling）』と呼ばれています。ただ、口頭で『この車は本当にいいんですよ』と言うだけではシグナルになりません。悪い車のオーナーも同じことが言えるわけですから。就職したい会社に『私は本当に有能なんです』と言うだけでは、有能な人物だというシグナルにはならないの

同じですね」

「だから学歴や資格、成績証明書などを履歴書に添えるん
ですね」

ギョンホの言葉に、ナ先生は笑ってこう答えた。

「すっかり応用できるようになったわね。学歴、資格といっ
ったものは、自分が有能な人物だというシグナルと考えら
れますね。では反対に、中古車を買う立場からも、良い車
かそうでないかを判断できないかしら?」

「そんな、情報をもってるほうが情報をくれなきゃ、判断
のしようがないような……」

言葉尻を濁したギュヒョンは、何か思いついたのか、話を続け
た。

「あ、車の点検をお願いするのはどうですか?　あなたの
車が本当に良い車なら、一緒に車の点検に行きましょうっ
て言うんです。それに応じてくれるなら、良い車のはずで
す。悪い車のオーナーは応じないだろうから」

「そうね。そう考えればよさそうね。点検をお願いするの
は、とてもいいアイディアだわ!」

「僕もあります!」

ジェジュンが手をぱっと挙げると言った。

「全部逆に考えればいいと思います。車が故障したら1年
間は無償で修理してもらったり、車両のメンテナンス記録
をもらったりするんです」

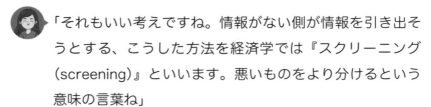

「それもいい考えですね。情報がない側が情報を引き出そうとする、こうした方法を経済学では『スクリーニング（screening）』といいます。悪いものをより分けるという意味の言葉ね」

「これも就職活動にあてはめられそうですね。入社試験や面接もスクリーニングですよね？ 試験や面接を受けて、その会社にふさわしい人材を見つけ出すことだから。学歴や成績証明書を要求するのも同じです」

「だとしたら、大学入試も試験や面接で学生を選ぶから、一種のスクリーニングですね」

ソナの発言に続いて、チャンミンがそう付け加えた。

「先生、ところでさっきノーベル賞受賞者も中古車市場でだまされたっていう話をしていませんでしたっけ？ 誰のことですか？」

静かにみんなの話を聞いていたシヒョンが質問した。

「ジョージ・アカロフ（George Akerlof）という経済学者よ。中古車を買って気分よく帰っていたら、車が故障してしまったんですって」

「経済学者なのに『スクリーニング』できなかったんだ！」
と言うチャンミンを見て、ナ先生が言った。

「『これは良い車だ』っていうオーナーの言葉だけを信じて買ったらしいわ。でも、アカロフさんはその経験をもとに研究して、ノーベル経済学賞を受賞したんですよ！『中古

車市場ではなぜ良い車がなかなか見つからないのか？　なぜ人は悪い車を選んでしまうのか？』って悩んでね。原因は情報の非対称性にあって、情報が不足している側が望まない選択、つまり逆選択をしてしまう可能性が高いということを理論的に明らかにしたんです。その研究タイトルが『レモン市場』だったのよ」

「だまされた経験が研究に結びついて、それでノーベル賞を取るなんて！　災いを転じて福となす、ですね！」

ギョンホがおどけて言った。

「ジョージ・アカロフと意見をやりとりしあったマイケル・スペンス（A. Michael Spence）という人も、のちに逆選択の解決策としてシグナリング理論（market signaling）(注15) を示して、同じくノーベル経済学賞を受賞したそうよ」

「惜しいなあ。僕たちもさっきシグナリングを思いついたのに！　もうちょっと早く生まれてたら、ノーベル賞ものでしたね！」

「まったく、チャンミンときたら！」
「そうね、この賢い実験経済部のメンバーの中から、いずれノーベル賞受賞者が出てくるかもしれないわね。がんばって！　では、今日はここまで！」

・経済学の概念：情報の非対称性、逆選択

・数学の概念：確率、期待値

Q1 100回の中古車取引で、良い車が出る場合が35回、悪い車が出る場合が65回の市場で、中古車1台を購入するとしたら、その車に平均的に期待できる価値はどのように求めればいいでしょう？（この中古車市場でも、良い車は350万円、悪い車は50万円の価値があると仮定します）

ある決定をするとき、それによって自分が平均的に期待できる価値を数学では「期待値」といいます。中古車を購入するとき、その車がつねに良い車なら、良い車の価値がそのまま期待値になるでしょう。ところが、良い車を買うことになる場合と悪い車を買うことになる場合が半々だったらどうでしょうか？「良い車の価値と悪い車の価値の中間程度」が平均的に期待できる価値、すなわち期待値になるでしょう。

ある出来事が、全体の出来事のうちで起こる「場合の数」を「確率」といいます。全体では100回起きたときに、特定の出来事が50回発生したら、$\frac{50}{100}$、すなわち$\frac{1}{2}$の確率というわけです。これを毎回、分数にするのは面倒なので、「100回のうち50回」なら「50パーセント（％）」にしようという約束事ができました。

このように確率は、分数で表すこともパーセントで表すこともできます。

　それでは質問のように、良い車が出てくる確率が 35 パーセント、悪い車の確率が 65 パーセントの中古車市場で、車 1 台あたりの期待値を計算してみます。

　ある出来事に対する期待値
　＝出来事が起こったときの価値×出来事が発生する確率

$$\underbrace{\left(350\,万円 \times \frac{35}{100} \right)}_{\substack{\text{良い車の価値} \quad \text{良い車である} \\ \text{確率}}} + \underbrace{\left(50\,万円 \times \frac{65}{100} \right)}_{\substack{\text{悪い車の価値} \quad \text{悪い車である} \\ \text{確率}}} = 155\,万円$$

　では、こうした考え方はどういう場面で必要になるのでしょう？　次の状況を考えてみてください。

Q2　車を運転中、どうしてもトイレに行きたくなったので、違法駐車をして、ちょっとトイレに行こうと思います。費用である罰金に対する期待値と、便益であるトイレに行ってくる満足度を比較してみましょうか？

　駐車違反の罰金は 4,000 円、頻繁に駐車違反を取り締まる場所ではないので、罰金を科される確率は 10 パーセントとすることにします。

$$罰金に対する期待値 = -4,000円 \times \frac{10}{100} = -400円$$

罰金は損失なので（−）で示しました。もしもトイレに行ってくる満足度が400円よりも高ければ、罰金を取られても、差し迫った問題を解決するほうが、いい決定ですよね。私のように考える人が多くて違法駐車が増え、苦情が発生したとしてみましょう。役所では違法駐車を防ぎたいと思っています。このようなときは、罰金の額を上げたり摘発率を上げたりして、駐車違反時の罰金に対する期待値の絶対値を大きくすれば、違法駐車を減らすことができるでしょう。

Q3 500円を出して、0.001パーセントの確率で20万円が当たる宝くじを買うのは合理的でしょうか？

宝くじ1枚を買って平均的に期待できる価値、すなわち期待値はいくらになるか、求めてみます。

$$20万円 \times \frac{1}{1000} = 200円$$

宝くじ1枚の価格が500円で、期待値は200円なので、買わないほうが合理的のようですね。

少し前、私は実損補償型の医療保険に入ろうとしてやめました。加入するにはずいぶんと高い保険料がかかるからです。

保険会社でも、保険に入ろうとする人に支払われると予想される保険金、つまり期待値を見積もって保険料を設定します。最近、

よく病院に行っていたので、私の医療記録を確認した保険会社が、確率的に考えて、保険金を多く支払う必要がありそうだと判断したのでしょう。加入を断られた私の立場からすれば、あまりいい気分ではありませんでしたが、「ああ、保険会社はスクリーニングをして逆選択を防いだんだな」と思いました。みなさんも生活の中で確率と期待値を見積もって、合理的な選択をしてみてください。情報の非対称性も見つけてみてくださいね！

05

競争で勝ったのに不幸だって!?

ビン入りクリップの競売に見る勝者の不幸

　ナ先生が、カラフルなクリップが入ったガラスのビンをみんなに見せながら、こう言った。

「このビンにはクリップが何個入っているでしょう？」

「そうだなあ、出して数えてみましょうか？」

とジェジュン。

「いいえ、今日はこれで授業をします。これから、このガラスのビンを競売にかけますが、今回のやり方は少し違います。各自が希望の金額を書いて提示する『入札式』の競売です。ビンに入っているクリップを1つあたり10円として、このビンをいくらで買いたいかを書いてもらいます。いちばん高い金額を書いた人が、このビンを買うことができます。落札した人は、自分が書いた金額を私に支払い、私は『実際にビンに入っているクリップの数×10

円』分の金額をあげます」

「本物のお金でくれるんですか？」

「もし、2,000 円って書いた人が落札し
て、実際にビンに入ったクリップが 70
個だったらどうするんですか？」

「そしたら落札した人は、先生に 2,000
円を払って、先生はその人に 700 円をあげるということ
です」

「ってことは、むやみに高い金額を書いたら痛い目にあい
ますね！　クリップがどれくらい入っているか、よく見な
くちゃ」

「クリップを出して数えることはできなくて、外側から眺
めることしかできません。みんなじっくり見てから、入札
用紙に名前と入札金額を書いて、先生に出してください」

　みんな前に出てきて、ビンの中のクリップの数を予想しはじめ
た。しばらくビンを見回してから、本物の入札者のように、慎重
に入札金額を書き込んだ。

　しばらくして、全員の入札用紙を受け取ったナ先生は、教卓を
手でトントン叩きながら言った。

「さて、誰が落札するか確認してみましょうか。ナム・シ
ヒョンさん！　シヒョンさんが 800 円、最高額を書きま
したね。ビンはナム・シヒョンさんが落札しました！」
（トントントン！）

「おお！　今回はシヒョンが当せんか！　臨時収入だな」

みんなから羨望の交じったお祝いの言葉がかけられた。

勝者の不幸、
いつでも勝者がいいわけじゃない！

「それではクリップがどれだけ入っているか、確認してみましょうか？」

ナ先生がビンを持ち上げて言った。

「ごまかしがあるといけないから、先生が数えますね！」

ギョンホとチャンミンがビンを開けて、教卓の上にクリップをざあっと出した。みんな目を見開きながらクリップが数えられるのを見守った。

「38個！」

ギョンホが叫んだ。

「38個ということは380円ね。では、シヒョンからまず800円をもらってから、380円を渡せばいいわね。シヒョン、お金の準備はできてるわね？」

ナ先生はとぼけたように言いながらシヒョンに手を差し出した。シヒョンは何かだまされたというような納得のいかない表情で、財布からお金を取り出した。その瞬間、ナ先生がシヒョンの手を止めて、こう言った。

「だめだめ！　冗談よ、シヒョン。先生が生徒からお金を
巻き上げたら大問題だわ」

「もう、先生！　それでも約束だから受け
取らなくちゃ！」

　生徒たちが、お金を受け取るべきだと主張すると、ナ先生が話
を続けた。

「『勝者の不幸』というのが、こういうことなんです」

「勝者の不幸？」

「そうだよね、シヒョンは勝者なのに、いちばん損して
る！　たしかに勝者の不幸だ！」

　ソナとジェヨンが言った。

「そうですね、シヒョンは勝者なのに、クリップを数えて

みたら、逆に損してしまいましたね。こういうことが実際
にも起こります。以前、一山湖公園にある7坪の小さな
売店を1年間経営する権利が競売にかけられたことがあ
りました。結果的に8,600万円で落札されたわ」

「本当ですか？　1年間の売上がそんなに
ありそうな場所なんですか？」

全員驚いた表情だった。

「ビンの中からクリップを取り出して数えることができな
かったように、その売店の1年間の売上も確実にはわか
らなかったのよ」

楽観的に高く評価すれば
損する確率も高くなる

「どうしてそういうことが起こると思いますか？　外国で
は、ある土地の石油を試掘する権利を競売にかけることも
ありますが、その土地からどれだけの石油を採掘できるか
は誰もわかりません。正確な生産量がわからない状態で、
自分なりに価値を推定して入札するんです」

「だとしたら、その土地の実際の価値は、何人かが考える
価値の平均になる可能性が高そうですね。でも、その土地
の価値を最も高く評価した人が落札するから、勝者の不幸
も生まれそうです」

ジェヨンがせっせとメモを取りながら言った。

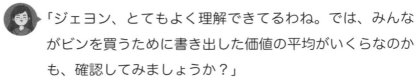「ジェヨン、とてもよく理解できてるわね。では、みんながビンを買うために書き出した価値の平均がいくらなのかも、確認してみましょうか?」

ナ先生は1枚ずつ入札用紙を見ながら、黒板に書き出した。

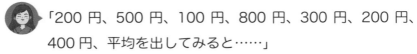「200円、500円、100円、800円、300円、200円、400円、平均を出してみると……」

$$\frac{200+500+100+800+300+200+400}{7}=357.14$$

「うわ、ほんとに380円に近い! ジェヨンの言ったとおりですね! 実際には、みんなの考えた平均的な価値である可能性が高いけれど、その価値を最も高く評価した人が落札するから、勝者の不幸が起こるわけですね!」

今度はジェジュンが授業の内容をまとめた。

「うまくまとめてくれましたね。みんなは欲しいものの平均的価値をきちんと判断して『勝者の不幸』を避けていってください! では、今日はこの辺で終わりにしましょう!」

経済学の概念 **ここがポイント！**

見えざる手が働かない場合は？

①独占・寡占企業は「市場支配力」をもつ

　経済学者のアダム・スミス（Adam Smith）は、市場で均衡価格がどのように決定されるか説明しました。「すべての人は独立的で、すべての情報が完璧に与えられて、自分の利益を極大化する決定をする」と仮定しています。また完全に同一の商品を供給する人と、その商品の買い手が無数にいる市場を前提にしています。こうした市場を完全競争市場といいます。ここでは需要者であれ供給者であれ、市場で形成された均衡価格を受け入れるだけで、価格決定に影響を与えることはできませんが、完全競争市場という前提が崩れると、見えざる手が十分に働きません。代表的な例に、独占・寡占市場があります。みなさんもホテルに泊まったとき、館内のお店やレストランで買い物をしたり食事をしたりすると思います。そんなときお店で売っている品物や食事代は普通より高くありませんか？　それでもホテルから出てわざわざコンビニやスーパーを探すより、少し高くてもホテルのお店やレストランを利用することも多いかもしれません。このとき館内のお店は独占供給者だといえ、そのオーナーは価格決定力をもっています。

　供給者が１つしかない独占市場はなかなかありませんが、

供給者が少数である寡占市場はもう少し多くあります。ガソリンスタンドといえば、いくつかの会社が思い浮かぶでしょう？　このようなケースが寡占です。寡占企業も価格と供給量に影響力を行使します。これを市場支配力と表現します。供給者は多いけれど製品を差別化して市場支配力を行使できる独占的競争市場もあります。飲食店はおおむね独占的競争企業に含まれます。

　それから、需要の独占・寡占もあります。韓国を代表する大手企業、サムスン電子やLGエレクトロニクスなどは、部品会社から部品を供給してもらいますが、このような大企業に部品を納めたいと考える企業はたくさんあります。このときサムスン電子とLGエレクトロニクスが部品需要者として価格決定に影響力を行使します。取引先の部品会社が価格を上げようとしたら、ほかで調達するということができるからです。

　市場支配力がある供給者は、たいてい価格は高く、供給量は少なく維持し、利潤を多く得ようとします。それで談合が行われたりもするのですが、このような場合は消費者が被害を受けることがあるので、談合は法律で禁止されています。そのため企業は革新的な製品を開発し、利潤を高めようと努力するのです。

経済用語 ···
　独占市場：特定の商品が1つの企業によってのみ供給される市場

寡占市場：特定の商品が少数の企業によってのみ供給される市場

談合：寡占企業間で価格や生産量などについて成される合意

独占的競争市場：特定の商品を供給する企業は多いが、商品の品質が少しずつ異なる市場

需要独占：供給者は多いが、需要者が1つの場合

市場支配力：価格や取引量に影響を与えることができる供給者と需要者の力

②情報の非対称性の状況では、逆選択が発生する

　中古車市場の実験の場合、売り手側には車についての情報がたくさんある一方、買い手側には情報が不足していました。このように需要者あるいは供給者のうちの一方がより多くの情報をもっていることを情報の非対称性といいます。情報の非対称性が発生すると、情報が不足した側が望まない選択をする可能性が高くなりますが、これを逆選択といいます。中古車を買おうとする人は、良い車なのか悪い車なのかという2つの可能性を念頭に置いて期待値を計算し、その価格を支払おうとしますが、このとき、良い車のオーナーは、その価格が安いと判断して車を売ろうとしなくなります。結局、欲しくない悪い車を購入するという逆選択が起こります。シグナ

リングとスクリーニングによって情報の非対称性を減らすことで、逆選択を避けることができます。

③勝者の不幸は情報が不十分なときに生じる

　絵画のオークションを行ったとき、実験経済部の生徒たちは、自分が感じる価値を基準に価格を見積もりました。ほかの人がどれだけの価値を感じているかは重要ではなく、自分が感じる価値より価格が低いか同じであれば、十分満足できました。ところがビンに入ったクリップが1つ10円と決められていたように、実際の価値が決まっているものが競売にかけられることもあります。誰もその価値がわからない状況で競売が行われるので、落札した人が損をする可能性も大きく

なります。これを勝者の不幸といいます。

　例を挙げると、鉱物の資源が埋蔵されていると推定される国有地の山があり、入札で最高額をつけた人が落札したとします。落札した人は勝利のほほえみを浮かべるでしょうが、実際は不幸になる可能性が高いのです。誰もその山の実際の価値を知らないので、競売の参加者全員が、価値を推定して入札金額を書いたはずです。実際より価値を高く評価する人もいれば、低く評価する人もいるでしょう。確率的に考えると、その山の実際の価値は、参加者全員の評価の平均値に近い可能性が高いでしょう。つまり競売の勝者は、山の実際の価値をかなり高く評価した人なので、損する可能性が大きいのです。

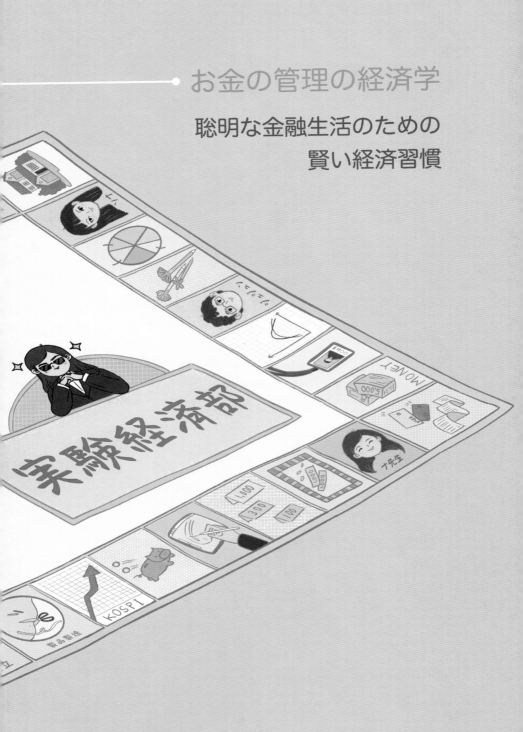

第4章

関連教育課程

社会

・中学校　公民的分野：私たちの暮らしと経済

・高校　公共：経済社会で生きる私たち

・高校　政治・経済：現代日本の経済、現代の国際経済

数学

・中学校　数学１：散らばりと代表値

・高校　数学 B：等差数列と等比数列

01

出入りするお金の流れを調べてみよう

イン・アンド・アウトゲーム^(注16)を通して見ていく
賢明な収入・支出管理法

「今日は席を立っておもしろいゲームをしましょう！」
　ナ先生は大きなフラフープを教室の真ん中に置き、手を叩きながら言った。

「全員、フラフープの横に2列になってもらえますか？」
　みんなはきょとんとしながら、言われたとおりに並んだ。

「さあ、今からみなさんは『お金』です！　全員それぞれ20万円としましょう。このフラフープは先生の銀行口座です。では、いちばん前にいるジェヨンとシヒョンがまずは口座に入ってみましょうか？」
　ナ先生がジェヨンとシヒョンをフラフープの中に引き入れた。

「口座に今、給料40万円が入りましたね。でも先生、今月はコーヒーやら服やら食事やら通販やら家賃やらで40万円を使い切ってしまったんです」

ナ先生はジェヨンとシヒョンをフラフープの外に出させた。

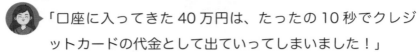「口座に入ってきた40万円は、たったの10秒でクレジットカードの代金として出ていってしまいました！」

ナ先生は悲しそうな表情で、空っぽになったフラフープを見つめながら言った。

「また給料日です。次はギョンホとチャンミンが入ります」

ギョンホとチャンミンはクスクスと笑いながらフラフープの中に入った。

「わあ！　私の口座に40万円入りました！　ところが先生は、24回払いのローンで車を買ってしまったのです。毎月25万円がローンの支払いで出ていきます。10万円の家賃も払わないといけないのに、今月は外食が多くて、すでに40万円全部使ってしまいました！」

ナ先生の事情を聞くなり、ギョンホとチャンミンがフラフープの外にぴょんと跳び出した。

「あーあ、先生の口座、空っぽですよ。よく考えて使わなくちゃ！　ローンも払わないといけないのに、お金、貯まりませんよ！」

チャンミンが冗談ぽく言う。

「そうよね。衝動買いをしてしまったわね。それでも働いているから助かります。また1カ月すると、口座に給料が入ってきました」

列のうしろにいたギュヒョンとソナがフラフープに入った。

「よかった！　私のお金！」

ナ先生が喜んでいるあいだに、もうギュヒョンはフラフープの外に出ようとしていた。

「車のローンの支払いとして出ていくところです」

ギュヒョンのアクションに、ナ先生は自分の額を手で叩いた。

「しまった！　そうだった。車！」

そう言うと、今度は急に倒れるふりをした。

「あっ、交通事故です！　治療費が必要です！　治療費!!　ソナ、早く出て！」

「あ、また口座が空っぽです！　どうしよう。まだ家賃を払っていないのに！　お金を借りないといけないかも！」

ナ先生はジェジュンをフラフープの外に座らせた。

「借金までこしらえてしまいました」

「先生！　出ていくお金は、入ってくるお金より少なくしないと！」

ジェジュンがあきれたような顔をした。

「それじゃあ、どうやってお金を管理すればいいのでしょう？　みんなでやってみてください！」

収入と支出、
お金を貯めるには、まずはこれから！

　ナ先生のリクエストに、生徒たちはもう一度2列になって演じ

はじめた。まず、ジェジュンとシヒョンがフラフープの中に入りながら言った。

「40万円の給料が入りました。今回は20万円は残ります」

シヒョンがフラフープの中に座った。ジェジュンは外に出て、話を続けた。

「さて、次の月も40万円、給料が入ります」

ジェヨンとギュヒョンが中に入った。

「今回も20万円はとにかく貯蓄にあてます」

ジェジュンがそう言うと、ギュヒョンがフラフープの中に座り、ジェヨンが外に出た。

「残ったお金で貯蓄をしようとしても絶対に貯まりません！　とにかく貯蓄する額を決めてください。積立定期預金を始めることをお勧めします。積立定期預金で半強制的に貯蓄していけば、見てください。今は口座にお金が貯まっていますね」

ジェジュンがそう言って、フラフープの中に座っているシヒョンとギュヒョンを指さした。ナ先生がわざとふざけて聞いた。

「積立って何ですか？　私、お金の知識がないんです」

今度はジェヨンが説明を買って出た。

「積立定期預金というのは、一定の期間、毎月一定の額を貯蓄するものです。給料が口座に振り込まれたら自動的に一定の額が積立預金の口座に移るようにしておくといいです。満期日は選べますが、私は1年にしています。満期時に引き出せば元本に利息もつきます」

ソナも続けて発言した。

「お金が少し貯まったら、一度にお金を預ける定期預金を始めてください。積立預金と金利は同じですが、定期預金のほうがさらに利息がつきます」

「ありがとうございます。定期と積立はそういう違いがあるんですね。定期預金は一度にお金を入れておいて、満期になったら引き出すもので、積立預金は毎月一定の金額を預け入れるもの！　わかりやすい説明をありがとう」

ナ先生がジェジュン、ソナ、ジェヨンにお礼を言った。

「とにかく基本は、入ってくるお金より少ない額を使うということです。絶対に一定金額は残す！　これがポイントです」

ジェジュンが改めて大きな声で強調した。

「あ、はい！　覚えておきます」

ナ先生はジェジュンにうなずいてお礼をすると、生徒たちに座るようにとうながした。

「今日はとてもたくさんのことを教わりました。みんな、こんなに金融の知識があったのね？」

「やだなあ、先生。基本ですよ。僕たち、実験経済部に入ってからは、お金の管理も自分でやってますよ」

ナ先生は満足そうにうなずきながらこう言った。

「今日は、自分たちがお金になって、給料の出入りを見ましたよね？　ジェジュンの言うとおり、入ってくるお金をまず先取りして貯蓄すればお金を貯めることができるんです！　かといって、ひどくケチになれという話ではないですけどね。それでは、みんなで映画を観ながら、消費と貯蓄についてもう少し考えてみましょうか」

「いいですね！」

消費 vs. 貯蓄、
消費も貯蓄も過ぎたるは及ばざるがごとし！

小さな食堂を営む母からの仕送りで生活するチョン・ジウン。彼はお金が入ると後先考えずに使ってしまう。ある日、コンビニで200円の物を買おうとしたら、財布にお金がない。口座残高は4円！　もう1人の主人公、ク・ホンシルは、ジウンとは正反対、稼いだお金はほぼすべて貯蓄に回す。ゴミ袋を買うのが惜しくて、ほかの人が出したゴミの袋に自分のゴミを押し込んだりする。ここまでのケチもなかなかいないだろう。

『ちりも積もればロマンス』という映画だった。

「みんな、チョン・ジウンとク・ホンシル、どちらのほうがいいお金の使い方をしていると思う？」

「ク・ホンシルです。節約しなきゃお金も貯まりません」

ナ先生の質問にチャンミンが答えた。

「あんなにケチケチしてどうするんだよ？　今を楽しむことも大事だよ！」

「そうよ、どっちも問題ありだわ」

ギョンホの意見にギュヒョンも同意した。

「2人は両極端ですよね？　1人はひたすら消費、1人はひたすら貯蓄！　もし、お金を稼ぐたびに使う一方だったら、どうなるかしら？」

「お金が貯まりませんよ。そんなふうにして病気にでもなったらどうするつもりなんだろう。さっきだって、それでフラフープのわきに借金がたまったじゃないですか」

「100歳まで生きる時代だっていうのに、年を取ってどうやって暮らすんでしょうか！」

シヒョンとジェジュンが声を高めた。

「では、ク・ホンシルのように、消費しないで貯蓄するだけだったらどうでしょう？」

「まあ、今を楽しむことはできませんが、未来のためのことですから。問題にはならないような気がしますけれど」

ナ先生の質問に今度はギュヒョンが答えた。

「未来のために今を犠牲にするという感じがしますよね？

ところが、消費をしなさすぎるのも国としては問題なの。人々が消費をしないと企業で生産した物が売れませんよね。物が売れないから企業は生産を減らし、雇用も減らす。そうなると失業者が増えるんじゃない？」

　ナ先生の説明を聞いていたギョンホが言った。

「そう。だから僕はたくさん消費してる。国のために！」

「もちろんそういう面もあるわ。だけど、行きすぎはよくないわね。消費してお金を使い切って誰も貯蓄しなければ、企業は設備投資が難しくなるのよ」

「えっ？　貯蓄と企業の設備投資に関係があるんですか？」

　ジェジュンが聞いた。

「私たちが銀行にお金を預けると、銀行はそのお金の一部だけを残して、お金の必要な人や企業に融資するんです。通常、企業が新たな設備を導入したり、事業を拡張したりすることに対して投資をするときは、融資を受けて行う場合が多いの。ところが、貯蓄率があまりに低いと、お金を貸す金融市場にお金がなくなりますよね。そうなると、企業の活動も萎縮することになります」

「消費も貯蓄も『過ぎたるは及ばざるがごとし』なのです！　貯蓄するお金は先に取っておいて、残りで合理的に消費しよう！　これで今日の内容のまとめ、終わり！」

　ジェヨンが大声でまとめると、ナ先生もみんなも大笑いした。

02

ハン・ソビさん、
それではいけません！

専門家になってマネープランを立ててみる^(注17)

「ヨンセ教育テレビ局の番組『ヘルプミー金融マン』司会
のナです。金融のスペシャリストのパネラーのみなさん、
どうぞよろしく」

「はっ？　金融のスペシャリストです
か？」

「みなさんはお金を管理する専門家ですよね？　今日も相
談が１つ来ています。20代の息子さんを持つお母さんか
らです。どうやらお悩みのようですよ」

ナ先生は教室のスクリーンにテレビ画像を映した。

映像の左側に『ヘルプミー金融マン』という字幕が出ると、心配
そうな顔つきの母親が登場した。息子が、スマホでライブショッ
ピングの配信を見ながらしょっちゅう何か買っていて、家には宅

配便の箱がどんどん積み上がっていくうえに、最近では輸入車まで購入したという内容だった。少し前に息子が買ったという、大きなトレーニングマシンの上には新品の服がどさっと積まれていた。

母親は、何年かすれば息子も結婚するはずだが、結婚資金を援助できる状況ではないことも心配していた。息子の所得と支出の内訳を送るので、アドバイスをお願いしたいという。ここで映像は終了した。

ナ先生が1枚ずつ紙を配りながらみんなに言った。

「今回の相談も深刻ですね。お母さんがハン・ソビさんの所得内訳書と支出内訳書を送ってくれました。専門家のみなさん、ハン・ソビさんの消費のどこに問題があるか、考えてみてください！」

ハン・ソビさんの5月の所得内訳書

日付	所得内訳		
	区分	内容	金額
5月7日	予備軍訓練	訓練報奨金	2,000円
5月14日	発明品コンテスト	コンテスト賞金	1万円
5月25日	サムジャン物産	給与	31万円
合計			32万2,000円

ハン・ソビさんの5月の支出内訳書

日付	支出内訳		決済手段	支出項目	金額
	区分	内容			
5月1日	社員食堂	昼食代 (5月、20回)	現金	食事	1万円
5月1日	ペンツコリア	自動車ローン	現金	交通	8万5,000円
5月1日	ナット フレックス	コンテンツ 使用料	現金	娯楽、 文化	1,000円
5月2日	ジェナコリア	シャツ、パンツ	クレジット トカード	衣類	5万円
5月2日	SAガソリン スタンド	ガソリン	クレジット トカード	交通	6,000円
5月2日	カンジ寿司	寿司セット	クレジット トカード	食事	3,000円
5月2日	スターバックス	コーヒー6杯 (同僚分も)	クレジット トカード	食事	3,000円
5月3日	ライブ ショッピング	トレーニング器 具(ローイング マシン)	クレジット トカード	日用品 など	1万5,000円
(中略)					
5月25日	ライブ ショッピング	鍋フルセット	クレジット トカード	日用品 など	8,000円
5月25日	みんなのゲーム	ゲーム キャッシュ決済	ナラペイ	娯楽、 文化	2,000円
5月25日	ミリビア	ビール (デート)	クレジット トカード	食事	5,000円
5月26日	イタリアーナ	パスタ3人分 (ランチ、 同僚分も)	クレジット トカード	食事	6,000円
(中略)					
	合計				31万2,000円

「お母さん、これじゃ心配だろうな。月の所得が32万2,000円なのに、31万2,000円使ってるよ。稼いだお金を使い切っていると考えていいんじゃないのかな」

「それって問題か？　いずれにしても所得の範囲内で消費してるわけだろう？」

「老後のことも考えなくちゃ。結婚もするつもりらしいけど、親の援助は期待できないっていうんだから。お金を貯めないと！」

「ここちょっと見て。社食代を払ってるのに、外でお昼をすませることもあるらしい。お茶するときも、ほかの人の分まで払ってるみたい」

「買い物もしすぎじゃないか？」

　生徒たちは意見を交わしながら、ハン・ソビさんの支出の問題点を洗い出していった。そのとき、ナ先生がもう1つのテレビ画像を映した。

「専門家のみなさん、制作陣がハン・ソビさんにもインタビューしましたよ。ご覧ください」

　だらっとしたポーズの20代の男性が登場。家から会社までは徒歩10分なのに、あえて高級輸入車を買った理由を尋ねると、「カッコよくないですか」と車自慢。車で出勤するとうらやましがられるからと得意そうにする。高価な服を買う理由も「モノが違う、高いのには理由がある」と答えながらブランド物の服を見せ

てくれる。ライブショッピングについては、開始の通知音が鳴る
とどうしても見たくなり、見ると買いたくなり、売り切れそうに
なると心臓がドキドキするのだと答える。

　生徒たちは、ぼうっとスクリーンを見ながら「うわあ、ひど
い」「何も考えてないね」などと言ってクスクス笑った。映像が
終わると、ナ先生はまた番組の司会者になって言った。

「ずいぶん衝撃的な映像でしたね。ハン・ソビさんは自分
　　の消費にどんな問題があるかを自覚していないようです。
　　パネラーのみなさんも大変ですね。今日は特別にハン・ソ
　　ビさんをお呼びしています。ハン・ソビさん、どうぞ！」

　本物のハン・ソビさんがやってきた！　生徒たちは驚いて、教
室に入ってきた男の人の顔を見た。

「ハン・ソビさん、いらっしゃい。ここにいる金融のスペ
　　シャリストたちが、ハン・ソビさんの家計状況に対してア
　　ドバイスをくれますよ」

ナ先生が生徒たちに早くアドバイスを、と目配せした。ソナが真っ先に立ち上がった。

「こんにちは、ハン・ソビさん。私たちでハン・ソビさんの所得と支出の内訳を調べてみたんですが、まず、買い物中毒じゃないのかなという気がしました」

「中毒だって？　買い物は僕の趣味なんです！」

「あ、中毒という言い方は悪かったです。でも、売り切れ間近というサインを聞くと心臓がドキドキして、必要のない物まで買うのは、深刻な問題だと思います。新しく買ったトレーニングマシンには服がかかっていましたよ」

反論するハン・ソビさんに、ソナがたしなめるように言い、続いてジェジュンもアドバイスした。

「まずはライブショッピングの通知音をオフにしてください。お知らせがくれば見たくなるし、見れば買いたくなるからです！　そこから抜け出すのは大変です。僕もそういう経験があるのでよくわかります」

「わかりました。ライブ配信は見ないように自制してみます。ほかは問題ないですよね？」

新社会人から定年退職まで、ライフステージに合わせたマネープラン

今度はジェヨンだった。

「ハン・ソビさん、人は普通、何歳まで生きますか?」

「80歳から90歳? それ以上生きるかもしれませんね。人生100年時代といいますから」

「ええ、普通は60歳で定年になりますよね。そうすると残りの40年近く、どうやって暮らしていくんでしょう? 前もってお金を貯めておくべきじゃないでしょうか。まずは結婚資金も貯めないといけないし」

「そりゃ、僕だってお金を貯めたいですよ。でも、使うところが多いんです。どの部分を減らすべきか教えてください」

「まず、社食に1カ月分の昼食代を支払っていますよね。ならお昼は社食にしてください。支出内訳を見たら、お昼は外食が多いですよね」

ジェヨンのアドバイスに、シヒョンも加勢した。

「コーヒーや食事をおごるのも、減らすといいと思いますよ」

チャンミンがあわてて付け加えた。

「あと車も手放してください。家から職場まで徒歩10分ですよね? しかも高級車だからローンも高額ですね」

「そんな、車を売れなんて言わないでくださいよ。中古で売ったらかえって損します。ローンだって支払いつづけないといけないし。ほんとにかっこいい車なんですよ」

ハン・ソビさんが強く反発した。

「では、車のことは少し後回しにして、ブランド物の服を買うのを減らしたらどうでしょう? ブランド品だからっ

222

て必ずしもいいわけじゃないですよ。いいデザインで品質
も優れているリーズナブルな服もたくさんあります。今、
僕が着ている服もなかなかよくないですか？」

シヨンが自分の服を指さしながら言った。次はソナがハン・
ソビさんに紙を渡しながら話した。

ハン・ソビさんの消費パターン分析

項目別消費額			
食事	衣料・靴	娯楽・文化	交通
5万2,000円	11万4,000円	9,000円	9万7,000円
日用品	保健・医療	通信サービス	その他
2万3,000円	3,000円	1万2,000円	2,000円

「これを見てください。ハン・ソビさんの消費パターンを
分析してみました。ほかの支出に比べて、衣料や靴と食事
の支出がとても多いです。これらを減らせませんか？　車
のローンを含む交通費の支出もかなり大きいですが、車は
とりあえず除外します。日用品も、今すぐ必要でないもの
をたくさん買っていますね。これも減らしましょう」

「この表を見ると、本当に服や食べ物にお金をすごく使っ
ていることがわかりますね」

ソナのこまかな分析に、ハン・ソビさんもうなずいた。

「私は、項目別に消費計画を立てて、その範囲内で使うこ

とを勧めます！　毎日項目別にチェックするんです。計画
した額を超えたら、その項目はそれ以上消費しないんで
す」

「まず、結婚資金と定年後の資金を貯める計画を必ず立て
なくてはいけませんね」

　ギョンホが言い終えるとすぐ、ジェヨンが黒板にグラフを描き
ながらこう言った。

「ライフステージを見ると、消費は一生続きますが、所得
は定年後にはぐっと減るじゃないですか？　人生の各段階
によって、まとまったお金が必要なときもあるし」

ライフステージ別の所得と消費

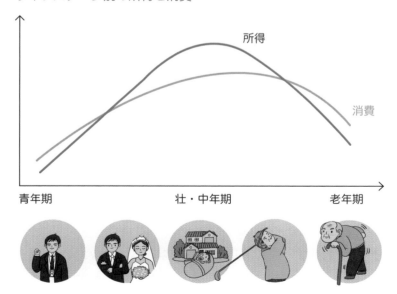

「まとまったお金ですか？」

ジェヨンの説明に、ハン・ソビさんがそう質問した。

「そうです。やがて必要になる結婚資金、子どもの教育費、それに住む家だって用意しないと……」

ジェジュンが言うと、ハン・ソビさんは両手で頭を抱えた。

「わかりました。消費計画とやらを立ててみます」

「必ずやってみてくださいね！　ライフステージを考慮して、短期・長期目標に分けて計画を立てて実践してください。では、十分なアドバイスをしたと思うので、この辺で終わりにしましょうか」

「ええ、専門家のみなさん、ありがとうございました」

ナ先生が締めくくると、ハン・ソビさんがお礼を言って教室を出ていった。

「みんな、立派な金融のスペシャリストでしたね。では、今日はこのあたりで終わりましょうか」

「先生、ところでハン・ソビさんの正体って？　いったい誰なんですか？」

教室を出ていく先生をつかまえて、ギョンホとチャンミンが尋ねたが、結局わからずじまいだった。ハン・ソビさんの正体は、未だに実験経済部の大きな謎だ。

・経済学の概念：単利、複利、預金
・数学の概念：指数関数、等比数列

Q 1 **17 世紀初め、マンハッタンの土地を 24 ドルほどで売った北米の先住民たちがいます。そのお金をまるまる銀行に預けていたら、今頃いくらになっているでしょうか？**

　アメリカのニューヨーク、マンハッタンには、もともと北米の先住民が暮らしていました。1626 年、移民者たちは協議の末に、土地の持ち主である先住民たちから 24 ドルほどで所有権を譲り受けたといいます。対価は現金ではなく、装身具やビーズで支払われたようです。現在のマンハッタンの価値を考えてみると、先住民は大変もったいない取引をしたと思えますね。当時、土地を売って手にした物を現金に換えて銀行に預金していたら、現在いくらになっているか計算してみましょう（年利 7.5 パーセントで利息を引き出さずに銀行に預けっぱなしにしたと仮定します）。

　24 ドルを年利 7.5 パーセントで預金し、396 年間、一度も利息を引き出さなかったとするなら、現在の預金額を予想するのに「複利」を考慮しないといけません。「複利」は元本だけでなく、元本から生じる利息にも、元本と同率の利息がつくことを意味しま

す。利率を r とすると、A 円を預金したとき 1 年後には A (1 + r) 円、2 年後は （A （1 + r）） （1 + r） = A (1 + r)² 円、N 年後には A (1 + r)ᴺ 円になります。利息にも利息がつくため、期間が長いほど、複利の効果は大きくなります。数学的に見たとき、期間 N は指数として上がっていきますよね。このようなものを「指数関数」といいますが、N の値が大きくなるほど、関数の値は急カーブを描いて増加します。さあ、それでは利息も一緒に増えていくという仮定のもと、複利の公式で値を求めてみます。

1年後　元利金 $= A + A \times \dfrac{r}{100} = A \left(1 + \dfrac{r}{100}\right)$

2年後　元利金 $= A \left(1 + \dfrac{r}{100}\right) + A \left(1 + \dfrac{r}{100}\right) = A \left(1 + \dfrac{r}{100}\right)^2$

N年後　元利金 $= A \left(1 + \dfrac{r}{100}\right)^N$

　上の公式に、先住民が受け取った金額 24 ドルと利率 7.5 パーセント、預け入れの期間 396 年をあてはめてみましょう。そうすると $24 \left(1 + \dfrac{7.5}{100}\right)^{396} = 65{,}760{,}193{,}940{,}000$ になります。

　このように北米の先住民は、現在の基準で 65 兆ドル以上を保有することになります（当時の利率を考えれば十分にありえる話です。わずか数十年前までは韓国の預金利率も年 10 パーセントを超えていたのです）。アメリカ全体の GDP が 20.94 兆ドル（2020 年基準、世界銀行）規模であることを考え合わせると、ものすごい価値ですね。こうして見ると、先住民の取引をもったいないの

一言で表すことはできないかもしれませんね。

　残念ながら、近頃は複利の預金商品はめったに見かけません。でも、心配無用。複利と同じような効果を生み出す方法があります。複利の原理は、元本と利息を引き出さずに、そのまま貯蓄に回しつづけるということです。利息に手をつけず、さらに貯蓄すれば、利息に利息がついて複利の力が発揮されるのです。

Q 2　**もしも北米の先住民が 24 ドルを預金し、利息を毎年引き出して使っていたら、今、預金はいくらになっているでしょうか?**

　北米の先住民が利息を毎年引き出して使っていたら、現在の金額は約 737 ドルにしかならないでしょう。元本にだけ利息が付く「単利」では、次のように元利金（元金＋利息）を計算することができます。

$$毎年受け取る利息 = A \times \frac{r}{100}$$

$$N\,年後の元利金 = A + A\frac{r}{100}N$$

$$= A\left(1 + \frac{r}{100}N\right)$$

　同じように、上の公式に先住民が受け取った金額 24 ドルと利率 7.5 パーセント、預け入れ期間 396 年をあてはめてみると、24

$\times \left(1 + \dfrac{7.5}{100} \times 396\right)$ = 736.8 です。

　どうでしょうか？　利息を含めて預け入れておく場合とそうで
ない場合で、それぞれ受け取ることになる元利金の差が本当に
大きいですよね？　世界的な投資専門家ウォーレン・バフェッ
ト（Warren Buffett）も投資の大原則として「利息を再投資する」
ことを挙げています。

　韓国の銀行の場合、最近の定期預金の利率は年2パーセント前
後で、預金で受け取れる利息は多くありません。しかし、北米の
先住民の例で見たように、最初がゆっくりのようでも預け入れの
期間が長くなるほど、お金が増えるスピードが速くなります。そ
のため、自分の消費パターンを分析して、適切な支出計画を立て、
ライフステージにそったマネープランを立てながら、1日でも早
く貯蓄を始めたほうが有利ですね。

Q3　預金したお金を倍にするには、どれくらいの期間がかかる でしょうか？

　どれくらい経てば預金したお金が倍になるのかが気になるなら
「72の法則」を使ってみてください。72の法則とは「72を複利
の年率で割った値は、元本が倍になる期間と同じ」という法則で
す。「72÷利率（複利）」で計算すればいいのですが、たとえば
利率が年4パーセントのときは、だいたい18年間貯蓄すれば元
本の倍になります。

03

衝動買いを止めるには、
オデュッセウスのように！

自分だけの消費の原則を立てる

「みんな、これどう？　数日前に買った新作のバッグな
の！」

ナ先生は手に持った赤いハンドバッグを見せながら言った。

「テレビ通販で半額セールだったのよ。欲しかったバッグ
がセールだったから、その場で買っちゃったの！」

「先生……ハン・ソビさんになってしまったんですか？
そんなふうにしてたらダメだって言ってたのに」

　浮かれているナ先生の顔を見ながら、ソナはやれやれと頭を振
った。

「そうなのよね。じつは服もバッグもたくさんあるのに、
新商品が出ると欲しくなっちゃうのよ。映画やドラマで好
きな俳優が身につけていたりすると、なおさら買いたくな
るし。それって先生だけ？」

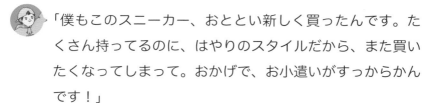

「僕もこのスニーカー、おととい新しく買ったんです。たくさん持ってるのに、はやりのスタイルだから、また買いたくなってしまって。おかげで、お小遣いがすっからかんです！」

「僕はスマホの少額決済で写真編集アプリをめちゃくちゃ購入するんです。だから毎月、携帯料金の請求のとき、お母さんに叱られます！」

シヒョンとジェジュンが、ナ先生の話に同意した。

「そうよね。ハン・ソビさんの相談では、消費を減らすべきだと回答したけれど、言うほど簡単じゃないものね」

「ホントに！　しかも SNS やユーチューブは、こっちの好みをよくわかってて、いかにも好きそうなものを紹介してくるんです」

「そうそう！　オススメがずっと出てくるんだから」

みんなの話を聞いていたジェジュンは、こう言った。

「何をクリックしたか、どれだけ見たか、AI がデータを分析して、その人用にカスタマイズされた宣伝をするんだ。近頃は進化もすごくて。人が何に関心があるのか、すべてお見通しなんだよね」

「そうよね。AI とビッグデータのおかげで生活が便利にはなったけれど、それだけ衝動的な消費も増えている気がします。私が買ったこのバッグも、前に検索したことがあったの。それでセールの情報がすぐに届いたんです」

「顧客の精巧なオーダーメイド情報、一度クリックすれば翌日すぐに受け取れる便利さ！　おかげでしょっちゅう衝動買いしたくなっちゃうよ！」

ナ先生の説明に、チャンミンが両手を挙げ、ふざけて言った。

「まさにチャンミンの言うとおり。便利だけどリスクともなう状況ですよね！　自制の方法はあるのかしら？」

生徒たちを見渡しながら、ナ先生が目を輝かせた。

自動引き落とし、
お金を貯めるいちばん簡単な方法

最初に、ギョンホがぱっと手を挙げて言った。

「お小遣いをもらったら、まずは貯蓄する分を差し引いて

衝動買いしたくなりますね〜

しまわなくちゃ！　基本ですよ」

「私は毎月定期に 3,000 円ずつ積み立てています。自動で引き落としにしているんです」

ギュヒョンがギョンホの言葉にうなずき、さらに話を続けた。

「私はデビットカードを使っているので、親が口座にお小遣いを入れてくれます。もちろん好きなときに出し入れできる口座です。最初は何日もしないうちに口座残高がゼロになりました。何か買おうとしても残高不足で決済ができなかったんです！　月初めにじゃんじゃん使って、1 週間も経たないのにお金に困ったりもしました」

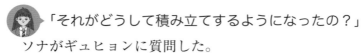

「それがどうして積み立てするようになったの？」

ソナがギュヒョンに質問した。

「節約しようと決心してもうまくいかなくて。それでお小遣いが入った翌日に一定額が積み立てされるように、自動引き落としにしたの。そしたらイヤでも貯まるようになったんだ」

「すごいな！　オデュッセウスみたいじゃん」

シヒョンが感心したようにギュヒョンを見た。

「オデュッセウス？」

「ギリシャ神話に出てくる人物だよ。美しい歌声で船員たちを海に誘い込むセイレーンの誘惑から逃れようとして、自分の体をマストにしばりつけたオデュッセウス！」

「いい方法ね。自分の手をしばるなんて！」

シヒョンの説明にソナがうなずいた。

「僕も自動引き落としで貯蓄はしてるけど、相変わらず好きなゲームにお金を使いすぎて困ってるんだ」

「じゃあ、ゲームに使うお金の上限額を決めたらどう？自分で『1カ月1,000円しかゲームに使わない』って決めるのよ」

悩むシヒョンに、ジェヨンがアドバイスした。

「そしたら、ゲームにお金を使うたびに記録しないとダメよね？」

「そうよ。1,000円までいったら、もうゲームのアイテム

は見ないことにするの！　私もそうしてる」

衝動買いはもう終わり！
封筒を活用した賢明なお金の管理法

「それと、消費計画を立てるとき、項目別にお金を管理す
るのも役に立つと思うわ。私はお小遣いをもらうと、そ
の月の消費項目別に封筒を作って、お金を封筒に入れて
おくの。おやつ代として 2,000 円入れたら、１カ月はそ
の範囲内でおやつを買うの。使うたびに使った額を封筒
に書いて。残りがほとんどなくなったら、あまり買わな
くなるし」

ジェヨンが静かに自分なりのお金の管理方法について話した。

「時計のアラームみたい
な感じだな。『もう使う
のはおしまい〜』ってい
うアラーム！」

ジェジュンが言った。

「そうなのよ！　自分自
身への警告。ほかの項目
のお金から出して使うの
は気が引けるから、それ
もしなくなったし」

「そうだよね。同じお金でも名前をつけておけば、ほかの
ことには使いづらいかもね。だけど、私みたいにカードを
使ってると、なかなか思いどおりにいかないんだよね！」

ジェヨンの話に耳を傾けていたギュヒョンがこぼした。そのと
きソナが何か思いついたようにこう言った。

「だったら、ゲームアイテムの関係の決済は 1,000 円まで
って、カードに設定しておいたらどう？」

「いいアイディアかもしれないね。最近は自分名義で発行
する家族カードを使うことが多いでしょう。カードやスマ
ホの手軽な決済で、項目別に利用額を制限できるシステム
があったらいいのにな」

「それいい考えね！　人によってどうしてもお金を使って
しまうものがあるじゃない。そういう分野に金額の制限を
かけるの」

ジェヨンに続いて、ソナも言った。

「それなら、消費計画を立てるとき、項目別に利用限度を
設定できるプログラムを作ったらいいかも！」

ジェジュンが目を輝かせてそう叫んだ。

「わあ、こちら、ぶっつけ本番でプログラム開発を行って
いる実験経済部の現場です！」

ギョンホが楽しそうに言った。

「みんなで一緒に設計してみようよ！　プログラムの技術
的なことは僕がちょっと調べてみるから。毎日、昼休みに

15分だけ集まって相談するってのはどう？」

　将来の夢がプログラマーのジェジュンがそう提案すると、みんな喜んで賛成した。それから数週間、実験経済部の生徒たちとナ先生は、昼休みのたびに集まって話し合い、クレジットカードの消費支出を管理できるアプリ「使用分野別　自己コントロール金融決済システム^(注18)」と「自動貯蓄システム^(注19)」を開発した。

使用分野別　自己コントロール金融決済システム

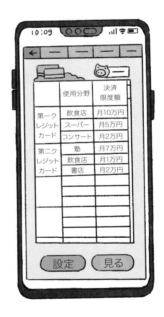

自分で消費項目別の限度額を設定して、衝動買いしそうな項目の消費をコントロールできるようにサポート。

数学的思考をプラスしよう⑧

・経済学の概念：株式、収益性、安全性
・数学の概念：分散、散布図、平均、代表値

Q1 ソナは、お小遣いを貯めて A、B どちらかの企業に投資し
ようとしています。どちらの株を買うほうが安全でしょう
か？ 2社の四半期別の投資収益率を参考にして、どちら
の株を買うほうがより安全か調べてみましょう（2社の株
の収益率の分散*は、前年の水準で維持されると仮定しま
す）。

2社の株の四半期**別の投資収益率***

	第1四半期	第2四半期	第3四半期	第4四半期
A社株	5%	2%	4%	5%
B社株	10%	−8%	14%	8%

＊分散（variance）：各変量（各資料の値、ここでは四半期別の投資収益額）が資料の
代表値（平均）からどれだけ散らばっているか、1つの数字で表す散布図の一種です。
分散が大きいほど変量が平均から離れている（変動性が大きい）という意味になり
ます。
＊＊四半期：1年を4等分した3カ月の期間をいいます。
＊＊＊収益率：投資したお金に対する収益の比率で、収益率（%）＝ $\frac{収益金}{投資金}$ × 100 です。

　まず2社の株の四半期別収益率を棒グラフに表してみます。
　239ページのグラフを見ると、B社の株の収益率はA社の株の
収益率に比べて変動幅が大きいのがわかります。大きな収益を出

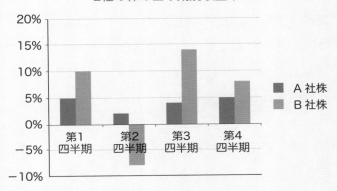

2社の株の四半期別収益率

すこともできますが、大きく損もするという意味ですね。それに比べてA社の株は変動幅が小さいため、相対的に安全に見えます。ここでは2社の株の収益率の分散が、前年の水準で維持されると仮定するので、そう考えることができるのです。実際には違うこともあります。グラフを描かずに変動性を比較する簡単な方法はないでしょうか？　分散は、各変量の平均からのばらつきの度合いを数字で表すものなので、分散を知っておけば、各企業の株の変動性を簡単に比較することができます。

Q2　次に、2社の株の収益率の分散を求めてみましょう。

　　分散は偏差平方和［それぞれの偏差を二乗して合計したもの］を変量の個数で割った値です。偏差は各データの値と平均値との差のことで、ここでは「変量（四半期別投資収益率）－平均」で

す。つまり偏差平方和の平均が分散ということになります。変量が代表値（平均）から平均的にどれくらい散らばっているかを見るには、それぞれ偏差を求めて平均を出せばよさそうですが、偏差を二乗してから平均を出すというのは不思議だと思いませんか？　その理由は、変量が平均より大きければプラス（＋）、小さければマイナス（－）になり、偏差の合計はつねに0になるからです。偏差の平均もつねに0になります。そこで偏差を二乗した値の平均を出して使用するのです。偏差を求めなくてはいけないので、まずは各社の株の収益率の平均を出してみます。

$$\text{A社株　収益率の平均} = \frac{5 + 2 + 4 + 5}{4} = 4（\%）$$

$$\text{B社株　収益率の平均} = \frac{10 + (-8) + 14 + 8}{4} = 6（\%）$$

$$\text{A社株　収益率の分散} = \frac{1^2 + (-2)^2 + 0^2 + 1^2}{4} = 1.5$$

$$\text{B社株　収益率の分散} = \frac{4^2 + (-14)^2 + 8^2 + 2^2}{4} = 70$$

　平均的に期待できる収益率は、B社の株のほうが高いですね。ですがA社の株の分散は1.5、B社の株は70と、B社の株の変動性が桁外れに高く、リスクが大きいことが確認できます。
　みなさんならどちらの企業の株を買いたいでしょうか？　リスクを冒してでも高い収益率を追い求めたい人はB社の株、高い

収益率より安全なほうがいいという人は A 社の株を買いそうで
すね。ところで、ここで必ず覚えておいてほしいのは、どの株に
投資したとしても損失の可能性はあるということです。収益性も
安全性もある金融資産はないかって？　普通、収益性と安全性は
マイナス（−）の相関関係にあります。収益性もよく安全性の高
いものはそうそうないのです。

Q3　株の投資にともなうリスクを減らす方法はあるでしょう
か？

「卵は 1 つのかごに盛るな」という言葉を聞いたことがあるで
しょうか？　株式投資にともなうリスクも同じです。1 つの株に
集中して投資するのではなく、いくつかの株に分けて投資すれば、
リスクをある程度抑えることができます。いろいろ資料を分析し
てみると、金融資産に含まれる株の種目数が多ければ多いほど、
金融資産の収益率の分散が小さくなるようです。[注20]　もちろん、
それでも減らすことのできないリスクもあります。急速に景気が
後退すれば、多くの企業の売上が減少し、利潤が減り、株の収益
率も低下してしまうのです。

04

商品開発から
マーケティング、広報と寄付まで

無人バザーの経験から学ぶ経済原理

緑の中にセミの大合唱が響くある日、ナ先生は実験経済部の生徒たちにメッセージを送った。

急な招集だったが、全員が集まった。

「みんなで冷えたスイカでも食べながら、クラブ活動の発表会で何をするか考えましょう」

ナ先生が大きめにカットしたスイカを一切れずつ手渡しながら
言った。

「ほかの部みたいに写真を展示しますか？　活動中に撮っ
　た写真もたくさんあるし」

「写真を映像にして上映するのもいいかもしれません！」

「ちょっと趣向を変えて、バザーをやるのはどうですか？」

「それ、よさそう。使わない物を持ち寄って売ったりして」

「いいね！　収益金の一部は寄付もして！」

バザーをやろうというジェジュンの提案に、ほかの生徒たちも
賛同した。

「バザー？　とてもいいアイディアね。寄付まで思いつく
　なんて、さらにすばらしいわね！　賛成の人？」

ナ先生が多数決を取ると、7人全員が手を挙げた。

「いいでしょう。では、バザーの準備をどうするか、あな
　たたちだけで話し合ってみて。その結果を教えてもらえれ
　ば、先生も積極的に手伝います」

ナ先生が席を外すと、すでにワクワクしてきた生徒たちは、さ
っそく大きな声でアイディアを出しはじめた。

バザーをするなら売る品物がいるよね。来週までに各自、
家から「自分は使わないけど売ってもよさそうな物」を持っ
てくるのはどうかな。

自分たちで何か作って売るのもいいかもよ。

いいね！　トッポッキとか天ぷらとか？

 食べ物もいいね！　僕、料理好きなんだ！

でも、学校で調理する場所はないよ。前もって作ってきたら冷めておいしくなくなるかも。

料理するとき、危ないとか、食品衛生法上の問題もあるんじゃないかな？　私たちが作ったのを食べて、おなかが痛くなる人がいたら大変だよ。

　ギュヒョンが冷静に法的なことや食品の安全性について意見を言うと、みんな考え込んだ。

 じゃあ、物を作るのはどうかな。クラブ活動の発表会には親も来るじゃないか。生徒だけじゃなくて親も消費者になるってことだよ。

 単純に物じゃなくて、環境にも配慮した「アップサイクル」製品を作りたいな！

ん？　アップサイクルって何？

使わない物の再利用というレベルを超えて、さらにいい物に生まれ変わらせるんだ！

 さらにいい物にする？　それいいアイディアね！

 私も賛成！　来週金曜日までに使わない物を集めて、その中からアップサイクルできそうなものを選び出すのはどうかな？

オーケー、そうしよう！　来週、またここで話し合おう！

アップサイクル、
使い道のない物に価値をプラスする

　1週間が経ち、再び部室に集合した生徒たちは、造花のような
飾りから学用品、衣類まで、持ち寄ったさまざまな物を机の上に
広げた。特にシャツとジーンズが多く目についた。

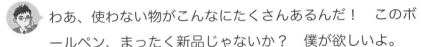 わあ、使わない物がこんなにたくさんあるんだ！　このボー
ルペン、まったく新品じゃないか？　僕が欲しいよ。

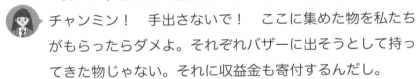 チャンミン！　手出さないで！　ここに集めた物を私たち
がもらったらダメよ。それぞれバザーに出そうとして持っ
てきた物じゃない。それに収益金も寄付するんだし。

そうそう。新品に近い物はそのまま売ることにして、使用
感がある物をさらにいい製品にアップサイクルすればいい
ね。

ここにあるTシャツを見てたら、いいアイディアが浮か
んだよ！

どんなアイディア？　気になるな。

近頃、ビンテージがはやってるから、Tシャツを利用して
バッグを作ったらどうかな？　うちの姉貴はよく布バッグ
を使ってるよ！

賛成！　先生の意見も聞いてみようよ。

　メンバー全員がシヒョンのアイディアに賛成し、ナ先生にも意見を求めた。

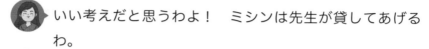 いい考えだと思うわよ！　ミシンは先生が貸してあげるわ。

わあ、ありがとうございます。手縫いにしようと思ってたんですけど、それなら楽に作れそうです！

で、何でどんなものを作ってみるの？

ジーンズをバッグにするのもいいかも！

バッグにもスカートにもできそうです。姉貴があまりはかないジーンズをスカートにしてるのを見ました！　下のほうは切り落として、筒の部分を解して縫い合わせて。写真を見せます。スカートを作っても布は余るから、バッグもできると思います。

さすがはシヒョン、センスがあるわね！

でも、服はサイズが重要だけど、試着する場所がないじゃない。

サイズを詳しく表示すればいいんじゃないかな？

うーん、僕はサイズにこだわらない製品のほうがいい気がするな。

持ち寄った物で何が作れそうか、もう少し考えてみよう

よ。アイディアをグループチャットで共有するってのは？
そうだね、何でも思いついたもの、まずは全部集めてみよう！　それから何を作るかは、需要調査をして決定しようよ。

需要調査？

私たちの手作り製品の消費者になる友だちや親の、好みや支払意思額がどれくらいなのかを調べるの。

ジェヨン、それすごくいい考え。1週間、チャットにアイディアを出し合って共有しよう！　コメントで意見交換しながら。各自、友だちや親にも意見を聞いて反映しようよ！

アップサイクル商品選定　投票結果（複数選択可）

Tシャツで布バッグ作り……………………………6票
ジーンズでスカート作り……………………………1票
ボールペンと造花で花のボールペン作り……4票
登山服、雨具でテーブルクロス作り…………2票
Tシャツ、ジーンズでペンケース作り…………2票
新しいボードゲーム作り……………………………1票

♡ いいね　◯ コメント

――ペンケースはTシャツを制作した残り布をつなげて作ったら
どう？
――単純なデザインだと思って、あまり選ばないかも。
　　↳同感！
　　↳同じく！　小さい端切れで作るほうに賛成！
　　↳同じく賛成！

――テーブルクロスじゃなくて1人用のランチョンマットはどう
　かな？　防水加工の生地だから、食べ物をこぼしても拭き
取れるし。
　　↳うちもランチョンマットたくさん使うよ。
　　↳お母さんも姉貴もランチョンマットがいいって。
　　↳うちのお母さんも。

――スカートかわいいと思うんだけどな。うちの姉貴も気に入
　ってる。
　　↳スカートはウエストのサイズが合わないといけないし、
　　　バッグのほうがいいと思う。
　　↳うん、バッグのほうがよさそう。
　　↳バッグがいい！

商品開発から寄付まで、
作って、売って、分かち合おう！

1週間が経ち、生徒たちは再び部室に集合した。ソナがまとめてきたノートを見ながら、みんなで話し合いを始めた。

グループチャットの投票とコメントの意見を取りまとめた結果、アップサイクルする商品は、布バッグ、ペンケース、ランチョンマット、花のボールペンに決まりました。「製品デザイン→追加材料の購入→製品作り→価格設定・マーケティング→販売」の順で準備するのはどうでしょう。それぞれ何を担当したいか、言ってください。

僕は製品デザインをやってみる。デザインのサンプルを作って、グループチャットに上げるから、意見よろしく。

ありがとう、シヒョン。追加で必要な材料は、デザインが上がってからじゃないとわからないね。制作するのは全部で4種類だから、それぞれ1つずつ受け持って作ればよさそう。4人必要だと思うんだけど、誰がやる？

商品は全部同じように作るほうがいいと思うな。追加材料の購入はそんなに難しいことじゃないから僕がやる。クラブ活動の時間に買ってくればいいだけだから。

価格は、それぞれ友だちや親に需要調査をしたあとで、みんなで決めよう。商品ができあがったら、どうやってマー

製品デザイン　　　　追加材料の購入　　　　製品作り

ケティングをするか、誰が販売するか、それもみんなで相談して。うわ、すごく楽しそう！

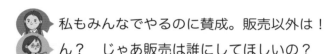私もみんなでやるのに賛成。販売以外は！

ん？　じゃあ販売は誰にしてほしいの？

販売は誰もやらないの！

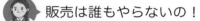せっかく制作するのに、売るのはやめようってこと？　寄付はどうするんだよ？

違うの、販売はするけど、私たちは販売しないってことよ。「無人販売」にしようよ。

無人販売？

そう、商品を並べて、値札を貼っておくの。そして、その横にお金を入れる箱を置いておくの。

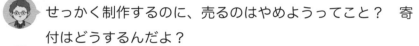ええっ？　そのまま持っていかれたらどうするんだよ？

良心を信じてみようってこと。私たちは実験経済部でしょう？　人の道徳性についても実験してみようよ。

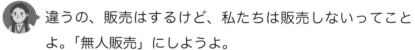おもしろそうね。そんなに損はしないような気がする。費用もそんなにかかるわけじゃないし。

価格設定・
マーケティング

販売

寄付

 費用はかかるさ。僕みたいな優秀な人材がデザインして、自分たちで血と汗を流して作ることだって費用なんだから！　費用はかかるけれど、実験してみるのは賛成！

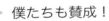 実験してみることはすてき！　賛成！

　僕たちも賛成！

 いい考えではあるけど、買いたくても、お金が足りない人もいるかもしれないよね。自分たちで売れば状況を見て、ツケでも売ってあげられるけど。

 それじゃあ、こうするのはどう？　箱のわきに帳簿を置くの。「お金が足りなければ帳簿に名前を書いて、明日、キム・ナヨン先生に代金を渡してください」って書いて。

 そうだな、それがいいね！

 それでは全員同意したので、無人販売で行きます！

 販売テーブルに「収益金は○○○に寄付されます」ってのも書こう！　いい行いだって思えれば、もっと買ってもらえるかもしれないよ。

 全額寄付ではないから、「一部は」と明記しておこう。

 では、収益金からどれだけ寄付するか、どこに寄付するか

も決めましょう。50パーセントは？

ソナの提案に全員が賛成した。

寄付はどこにするのがいいんだろう？　発展途上国の子ど
もたちのための国際機関は？

うーん。けど自分たちのまわりにも今すぐ助けが必要な人
たちがいるんだよな。この前聞いたんだけど、児童養護施
設で育って年齢制限で退所しなければならない人たちの、
自立をサポートする機関があったけど、そういうところ
は？

　生徒たちは投票で、バザーの収益金をサポートが必要な若者の
自立支援団体に寄付することに決めた。

わあ、今日は成果がたくさんあるね。販売計画は全部立て
たし、ここからは本当に製品を作らないと！　シヒョン、
急いでデザイン出してくれよ！

　シヒョンは徹夜でデザインしたのか、2日でデザインをグルー
プチャットに上げた。それも各製品2パターンずつ！　ところ
が、投票してもなかなか意見がまとまらず、ギョンホがコメント
を書いて意見を出した。

製品デザイン関連　グループチャット掲示板の状況

製品デザイン投票の結果、どれも同じような得票数で決められず。再度話し合いが必要！

♡ いいね　💬 コメント

ギョンホ：僕たちが製品を作る過程もマーケティングとして使えそう。シヒョンのデザインを学校の掲示板に貼り出して、気に入ったものにシールを貼ってもらうんだ！　そうすれば消費者がもっと製品に関心をもってくれないかな？　こっちも消費者が欲しい製品を作ることができるし！価格もいくつか書いておいて、支払意思額もチェックしよう！

チャンミン：いい考えだな。賛成！

ジェヨン：オーケー！　ギョンホ、いいこと考えるね。

シヒョン・ギュヒョン・ジェジュン：賛成です！

ソナ：さすがはギョンホ。マーケティングとして活用するなんて。賛成！

　ギョンホのアイディアで、シヒョンのデザインを学校の掲示板に３日間、貼り出して、シールで投票してもらうことにした。
　掲示板の投票は盛り上がり、３日間の投票に参加した生徒はなんと200人を超えた。生徒たちは廊下を通り過ぎながら、掲示板に貼られた製品デザインを眺めたり、好みのデザインにシールを貼ったりしながら、意見も交わしていた。消費者投票でデザイン

を決めると、本格的に製品の制作に取りかかった。

　追加する材料は「布バッグとペンケースに使うジッパー、ミシン糸、花のボールペンを作るのに必要なカラーテープ」の3つだった。ナ先生がミシン糸を提供してくれることになったので、ジッパーとテープだけ買えばよかった。ジェヨンが大型文具店に立ち寄って購入し、追加の材料費は700円で、それぞれ100円ずつ負担した。

　その後、実験経済部の生徒たちは、2度、クラブ活動の時間を使って、それぞれの製品を7つずつ完成させた。

価格決定、
花のボールペンはいくらで売るべきか？

 そろそろ価格を決めなくちゃ。この前の需要調査によれば、布バッグは1,000円、ペンケースは300円、ランチョンマットは100円、花のボールペンは30円かな。布バッグとペンケースの価格はこれでよさそうだけど、花のボールペンがちょっとひっかかるの。カラーテープの価格がけっこう高かったから。250円もしたのよね。だからこの価格で売ると、7本全部売っても40円の損失になるよね。

 そうだな、それはちょっと問題だな。200円はもらわないと！

30円くらいしか出せないと思っている消費者が多いのに、200円にしたら売れないよ。

 だったら70円で売るのは？

 価格は適当かもしれないけど、最近、小銭を持ち歩かなくなってるから、会計が面倒になるかもしれないよ。100円にしようよ。売れ残ったらバザーの終了時間にセールで売るの。

 そうだな、それもいいかも。バザーは3時で終わるから、2時半くらいに残っている商品を安く売ろう。売れないよりは原価以下でも売れるほうがいいだろ？

 バザーの2日前には掲示板にポスターを貼って宣伝しよう！　そうすればお金も準備してくるだろうし、何を買うかも前もって考えるだろうから。

 環境のことを考えたアップサイクル製品だという点、それから自分たちで作ったという点も強調してほしいな！

　ギョンホとチャンミンのアイディアにみんな賛成し、シション
の提案を反映したポスターを作成して、掲示板に貼り出した。
　クラブ活動発表会の日の朝、実験経済部のメンバーは学校が準
備してくれた大型のテーブルを1階の玄関ホールに置き、商品を
並べた。それぞれ商品ごとに値札を貼り、お金を入れる箱ものせ
ておき、箱の隣にはお金が足りない人用の帳簿も準備した。そし
て「収益金の半分は児童養護施設からの自立を目指す若者への支

援金として寄付されます」という内容を書いた紙も目立つように置いた。

　バザーは大成功だった。スタートから2時間もしないうちに布バッグとペンケースは完売し、残りのランチョンマットと花のボールペンも保護者が来場する午後になるとすべて売れた。

　売上金額は合わせて9,000円だった。帳簿に記入されたツケは1,000円で、目標額の1万500円にはわずかに及ばなかったが、ほぼ達成できた。材料費の700円を引いた残りの収益金は9,300円！　ナ先生と生徒たちは「実験経済部」の名前で5,000円を寄付し、残りのお金で全員ピザをおいしく食べながら、1年間の活動を終了した。

　自分たちで製品を企画、販売し、寄付まで成功させた実験経済部の生徒たちの顔は、やりきったという充実感があふれていた。

あやふやな金融用語を押さえておこう！

①収入、支出、所得、消費の関係

収入と所得、支出と消費。似ているようで異なる用語があ#りますよね。賢い金融生活のために知っておくべき用語を整理してみましょう。

収入は入ってくるお金、支出は出ていくお金です。所得は入ってくるお金なので、収入に含まれる概念です。所得には、給料の形で入ってくる給与所得、事業によって稼ぐ事業所得、預金の利息や賃貸料といった財産所得、遺産相続をはじめとする譲渡所得などがあります。所得ではなく収入に含まれるものがまだあるでしょうか？　銀行からお金を借りると負債になりますが、さしあたっては入ってくるお金なので収入とみなします。

必要な物を買う、私たちの消費は支出に含まれます。消費以外、ほかには何があるでしょうか？　税金、賃貸料などは、消費ではないのですが支出に含めます。借金の返済も、消費ではないのですが支出です。これを「非消費支出」と呼びます。預金や積立はどうでしょう？　毎月お小遣いの一部を定期預金として積み立てるとしましょう。これも出ていくお金になるので支出に含まれます。

会計的には、収入と支出の数値はつねに等しくなります。

自分の所得水準に合わせて、支出と貯蓄をバランスよく設計する必要がありますね。

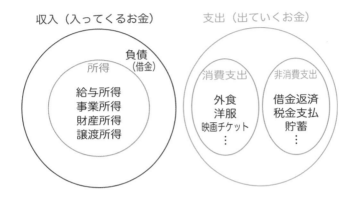

収入と支出

収入（入ってくるお金）　　　支出（出ていくお金）

所得　　負債（借金）

給与所得
事業所得
財産所得
譲渡所得

消費支出

外食
洋服
映画チケット
⋮

非消費支出

借金返済
税金支払
貯蓄
⋮

②貯蓄と投資の2つの意味

　貯蓄と投資は状況によって異なる意味に使われます。経済学における貯蓄は「所得 − 消費」と定義します。所得から消費を引いて、未来の消費のために残すことを貯蓄というのです。経済学での投資の定義は「生産するために生産要素を購入すること」になります。企業が生産活動をするために工場、機械、設備などを購入することと、そのための金融取引すべてが含まれます。ですが、この意味では、私たちが普段話している金融取引のほとんどが、投資には含まれません。

　私たちが未来の消費のために残したお金で「貯蓄をするか、

投資をするか」と考えるときは、貯蓄と投資の意味が違ってきます。貯蓄は元本が保証される金融取引、投資は元本が保証されないリスクがあるけれど、高い収益率が期待できる金融取引を指します。

　銀行に預金すれば、収益率は低いけれども元本は保証してくれます。「預金者保護法」があって、1つの銀行あたり、元本と利息を合わせて1,000万円までは失わずにすみます。一方、株に投資する場合は違います。株を買うと「株主」になり、企業の一部を所有することになります。企業はそのお金で成長し、みなさんは企業の持分を取得するのです。会社が成長すれば、利潤が配分され、株の価格も上がりますが、会社の経営状況が悪化して、株価が下がれば元本を失うこともあります。リスクが低い普通預金や積立預金を貯蓄とすれば、元本を失うリスクがあるけれども、貯蓄よりは少し高い収益性が期待できる株、債券（社債）、ファンド、ETF（Exchange Traded Fund、上場投資信託）などは、一般的な意味での投資にあたります。

③株と債券の違い

　Aという友だちが最先端のロボットを開発したと仮定してみましょう。本格的な事業のために会社を設立しようとしますが、資金が必要です。Aからは「会社に投資しないか？投資した分だけ会社の所有権を与えるよ」と言われます。私

がAの会社に投資したら、Aからはおそらく会社の所有権を示す証明書をもらいますよね。これがまさに株です。Aの会社が発行した株の1パーセントを購入すれば、その会社の1パーセント分だけ所有権があるというわけです。株を発行する会社を「株式会社」といい、株を所有する人を「株主」といいます。株主たちには自分の所有権分だけ会社の意思決定権もあります。会社の重要事項を決めるために株主たちが集まることを「株主総会」といい、株主はこれに参加できるのです。

会社で利潤が発生すると一定額が株主に分配されるのですが、これを「配当金」といいます。株式価格である「株価」は上がることもあれば下がることもあるため、リスクがともなうものなのです。

もし私がAに「私は会社の株主にはなりたくなくて、会社がうまくいくかどうかに関係なく、私が投資したお金と利息は同じだけもらいたい」と言ったとしましょう。このときAは会社名義で債券を発行することができます。証明書に「A会社は20××年××月××日、元本10万円と利息5,000円を返します」という内容を記して私に渡すのです。Aの会社の債券を買ったというのは、結局、お金を貸したということと同じです。返済するとした日にちを「満期」といいますが、債券を満期まで持っていれば、会社がつぶれない限り、元本と利息を返してもらうことができます。

一般的にお金を貸すと、返済日まではお金を受け取ること
は難しいですが、債券はいつでも売買できます。満期前の債
券を売買するときの債券の価格は、上がることも下がること
もあります。

　株や債券を買うときは、その会社の財務状況、経営、ビジ
ョンなどをよく調べなくてはいけません。会社の状況によっ
て株価が上下し、債券の場合、会社が倒産すればお金をまっ
たく受け取れないこともあるからです。

経済用語

　有価証券：財産的権利を示した証書（売買可能）

　株：株式会社の所有権を表す有価証券（常時売買可能）

　債券：国や会社がお金を借りるために発行する有価証
　券。満期になると元本と利息を返してもらえる（常時売
　買可能）

　国債：政府が発行した債券

　社債：会社が発行した債券

　ファンド：投資者からの資金を資産運用会社が株および
　債券などに投資して運用したのち、収益を戻す金融商品

　ETF：ファンドだが、株のように取引きできるように、
　取引所に上場された金融商品。株価指数に代表される指
　標への連動を目指す投資信託など

④所得と資産の区分

　イン・アンド・アウトゲームをしたとき、所得は「一定期間」に稼いだお金だという言い方をしました。一定期間は1カ月、1年など、好きに決められます。たとえば、「昨年1年間の私の所得は400万円だ」と言うことができます。一方、資産は「特定の時点」に自分が持っているお金です。「2023年12月1日、私の資産は総額2,000万円だ」というようにです。資産は、持っているお金、不動産や株、債券などの価値をすべて含め、お金に換算します。所得のように「一定期間」の概念を「フロー（flow）」、資産のように「特定の時点」の概念を「ストック（stock）」といいます。

⑤ライフステージを考慮したマネープラン

　絶えず変化する人生の長いプロセスを「ライフステージ」といいます。消費は人生の中で絶え間なく発生し、特定の時期にはまとまったお金が必要なときがありますが、所得は定年後に大きく減少します。未来の状況を予想して、お金を貯めることができる時期に未来に備えなくてはなりません。それがライフステージを考慮してマネープランを立てるべき理由です。

　時期別の優先順位にそって、長・短期の目標を立てて実践しましょう。長い人生で、継続して所得を生み出せる方法も準備できるといいでしょう。

エピローグ

　本書では、さまざまな実験やゲームを通して、「選択」が経済のすべての問題の始まりであり、どうすれば「合理的選択」ができるかを見てきました。

　しかし、個人にとっては「機会費用対比、最大の便益」をもたらしてくれる選択が、社会的にはよくない結果をもたらす場合もあります。そのため私たちは、次の段階として、国家主導の経済システムや国家間の交易などが実際に経済に及ぼす影響を調べたり、個人や社会、世界をつなぐ、さまざまな経済の現象や問題を解いてみたりする必要があります。

　先に述べましたが、私たちが経済を学ぶ理由の1つは「合理的選択」をするためです。そして、この「合理性」はどんな価値を基準にアプローチするかによって、意味が違ってきます。個人的には、真の意味での「合理性」とは、冷静な「理性」と他者を思いやる「優しさ」が調和したときに生まれるものだと思っていま

す。学び実践することで、みなさんも自分だけの基準を確立して、自分の追い求める「合理性」を見つけられるだろうと信じています。

　私はそのために、よりいっそうアップグレードした実験経済部を準備中です。次回作では人々の思考と行動を決定する心理・社会・文化的要因をじっくり探っていきたいと思っています。楽しみにしていてくださいね。

感謝の言葉

　本書は、実験経済部の仲間たちの積極的な提案のおかげで、世に出ることになりました。社会人として、大学生として、あるいは高校生として、それぞれ忙しく過ごす中、自分たちの話が本になるという知らせに喜び、応援とともに本についての貴重な意見を送ってくれた教え子たちに、真っ先にお礼を伝えたいと思います。

　最初に経済への興味を抱かせてくれたユン・ギボン先生、大学でさらに深く経済学を指導してくださったイ・インピョ教授、大学院で実験経済学と行動経済学に目を開かせてくださったチェ・ミンシク教授。すばらしい恩師たちのおかげで、私自身、楽しく経済学を学び、どうすれば教え子とともに学び、分かち合いながら成長していけるか、迷いながらも努力することができました。心から感謝申し上げます。

　執筆中、いつもアイディアの宝庫になってくれて、誰よりも熱心に母親の原稿を読み、意見を聞かせてくれたチェミンと、忙しい妻を積極的に支え、心強いサポーターになってくれた夫にも感謝の気持ちを伝えます。

　最後に、分量の多い原稿をじっくり確認して監修してくださったイ・インピョ教授に、重ねて感謝申し上げます。

訳者あとがき

「実験経済部」の授業を行うナ先生こと、本書の著者、キム・ナヨンさんは、韓国・ソウルのヤンジョン中学校で社会科の先生をしています。この本に出てくるナ先生と同じく、とても熱心な先生です。

キム・ナヨン先生が、実際に2009年から担当している「実験経済部」は、時間割に組み込まれた必修クラブ活動です。中学3年生を対象にしたこの授業は、年間20人しか参加できませんが、この本を通して読者のみなさんも体験できるようになりました。

キム・ナヨン先生の授業では、ゲームや実験を通して経済の理論を学んでいきます。経済の楽しさに目覚め、論理的な思考力を身につけた「実験経済部」のOBたちは、経済、政治、医学、法学など、それぞれの進路を選びとり、アメリカのコロンビア大学や日本の東京大学、ソウル大学といった国内外の名門大学に進学したり、各分野の現場で活躍したりしています。

日々、当たり前のように行っている「選択」という行為が、じつは経済と深い関係があることを、私もこの本を通して初めて知りました。そして、経済と数学がこんなふうに密接につながっているということも。数学が苦手だった私でも、数学ってこんなにおもしろいんだ、と思ったほどです。この本には、実生活の中の身近な経済を知ることで、新しい見方や選択の仕方を自分のものにできる、たくさんのチャンスがつまっています。

研究熱心なキム・ナヨン先生は、そのオリジナルな経済の授業が評価されて、韓国の経済教育大賞の経済教育団体協議会会長賞や、新聞

社の経済授業指導案最優秀賞など、数多くの経済・金融教育関連の賞を受賞しています。さらに、大人が読んでもわかりやすい経済のコラムを新聞などに連載中です。

　経済の入門書ともいえるこの本は、韓国の小中高生やその保護者、また先生たちのあいだでも大好評で、ベストセラーになりました。日本に続き中国でも出版されるそうです。本書に記されているのは「テストのための勉強ではなく、人生で起こる実際の問題を自分で解決できる力をつけるための勉強」だと、キム・ナヨン先生はあるインタビューで語っています。

　日本でも韓国でも、中学校の社会科で初めて経済について学びます。日本では学習指導要領の改訂により、中学校で 2021 年度、高校で 2022 年度から金融経済教育がスタートしています。世界経済の動きが直接、私たちの生活に影響を与える現代では、「お金」についての知識がますます必要になっています。早い段階で、基礎となる経済の概念を身につけておけば、金融や経済についてさらに学ぶとき、大きな助けになるはずです。

　7 人の韓国の中学生と一緒に、ぜひナ先生の楽しい授業をみなさんも「体験」してみてください。本書を読み終えるころには、それまでとは違う視点をもった、よりよい選択ができる新しい自分に出会えるに違いありません。

　なお最後に、［　］は訳者の注であることを付け加えさせていただきます。

吉原育子

1 パク・チャンジョン、2012、「ゲームの中の希少性体験」、〈クリック経済教育〉2012 年 3 月号に紹介された教授学習法に手を加え、授業を再構成しました。

2 ハン・ジンス、2002、「実験を通した経済授業：埋没費用の場合」、〈教育論叢〉20、pp.221-229 で使用した埋没費用実験の質問に手を加え、使用しました。

3 韓国開発研究院（KDI）発行〈クリック経済教育〉に関連授業の方法を紹介しました。キム・ナヨン、2014、「紙飛行機工場の実験を通して知る生産性」、〈クリック経済教育〉2014 2 月号、pp.28-31
Bergstrom, T. C., and Miller, J. H., 2000, Experiments with Economic Principles;
Micro economics. Boston: Irwin McGraw-Hill, pp.283-193 を参考に授業を再構成しました。

4 効用極大化、利潤極大化など、最適選択を知るには微分の概念が必要です。ここでは限界効用と限界生産力を中心に適用事例を示しました。

5 KDI 発行〈クリック経済教育〉に関連授業の方法を紹介しました。キム・ナヨン、2013、「オークションで見る需要曲線の意味」、〈クリック経済教育〉115、pp.28-31

6 需要の価格弾力性に合わせて異なる価格を設定したりもしますが、まとめ売りで 1 個あたりの価格を安くして売る方法もあります。どちらも「価格差別」といいます。限界効用が逓減するので需要曲線が右下がりになりますよね（チョコレートパイ実験、覚えていますか？）。これを利用し、量を多く買うとき割引することを「二次価格差別」といいます。需要の価格弾力性が大きい人たちは、需要曲線の形自体がゆるやかで、価格が少し変わるだけでも需要量の変動が大きくなります。反対に、価格弾力性が小さい人たちの需要曲線は急カーブを描きます。こうしたことを利用して異なる価格を設定することを「三次価格差別」といいます。同じ人であっても、商品によって需要の価格弾力性は異なります。

7 価格決定の実験は、実験経済学の分野で長いあいだ研究され、使われてきました。
Plott, C. R. 1986, Laboratory Experiments in Economics: The Implications of Posted-Price Institutions, Science, 232(4751), pp.732-738
Bergstrom, T. C., and Miller, J. H., 2000, Experiments with Economic Principles;
Microeconomics. Boston: Irwin McGraw-Hill, pp.3-29

8 KDI 発行〈クリック経済教育〉に関連授業の方法を紹介しました。キム・ナヨン、2013、「リンゴ市場ゲームを通して知る価格決定」、〈クリック経済教育〉116、pp.28-31

9 関数の概念は、経済学全般にわたり、かなり多くの領域で使われます。ここでは需要関数と供給関数を中心に事例を示しました。

10 KDI 発行〈クリック経済教育〉に関連授業の方法を紹介しました。キム・ナヨン、2013、「映像メディアと新聞を通して知る均衡価格の変動」、〈クリック経済教育〉117、pp.28-31

11 KDI 発行〈クリック経済教育〉に授業の方法を紹介しました。キム・ナヨン、2013、「制服メーカーの社長になって知る独占とカルテル」、〈クリック経済教育〉2013 年 11 月号、pp.28-31
Bergstrom, T. C., and Miller, J. H., 2000, Experiments with Economic Principles; Microeconomics. Boston: Irwin McGraw-Hill, pp.323-343; Yandell, D., 2002, Using Experiments, Cases, and Activities in the Class room. NJ: Prentice Hall, pp.45-56 を参考に授業を組み立てました。

12 ゲーム理論についての洞察でノーベル経済学賞を受賞した数学者、ジョン・ナッシュ (Nash, J. F., 1928 ～ 2015) の名前をつけて、最適反応戦略の組み合わせをナッシュ均衡と呼びます。最適反応は相手の特定の戦略に対抗し、最も高い報酬を自分に与える戦略です。自分の戦略 X が相手の特定の戦略 Y に対する最適反応で、相手の戦略 Y も戦略 X に最適反応であるとき、戦略 X と戦略 Y は互いに最適反応です。このとき、自分が戦略 X を使い、相手が戦略 Y を使うことをナッシュ均衡といいます。

13 次の内容をもとに授業を再構成して行いました。
Bergstrom, T. C., and Miller, J. H., 2000, Experiments with Economic Principles; Microeconomics. Boston: Irwin McGraw-Hill, pp.323-343
チョ・ヨンダル、2000、「教室経済実験の経済教育的適合性研究：逆選択の概念の教室実験効果分析を中心に」、〈市民教育研究〉30, pp.299-337

14 Akerlof, G. A., 1970, The Market for "Lemons" : Quality Uncertainty and the Market Mechanism, Quarterly Journal of Economics, 84(3), pp.488-500 で、「レモン市場で逆選択」が初めて紹介されました。

15 Spence, A. M., 1973, Job Market Signaling, Quarterly Journal of Economics, 87(3), pp.355-374

16 筆者が金融教育資料集（オ・フンソン、カン・ジヨン、キム・ナヨン、パク・チャンジョン、イ・ジュンヒョク、イム・ファジャ、チョン・ウンシク、2016、〈自由学期制テーマ選択活動資料集：金融教育〉、教育省——韓国教育開発院、pp.50-57）に本授業の教授学習指導案と活動用紙を収録しました。

17 KDI、「PBL 経済教育：財務設計の達人」に紹介された内容をもとに、授業を再構成しました。

18 韓国の特許、第 10 - 1687791 号「使用分野別　自己コントロール金融決済システム」、日本の特許、第 6368391 号で登録されています。

19 韓国の特許、第 10 - 1682646 号「賃金給与者の仮想口座を利用した賃金アップ分貯蓄法」で登録されています。

20 Statman, M., 1987, How Many Stocks Make a Diversified Portfolio?, JFQA.

キム・ナヨン　著者

韓国・ソウルのヤンジョン中学校に社会科教師として在職中。梨花女子大学で社会科教育を専攻し、同大学院で経済教育修士、行動社会経済学博士課程を修了。

韓国開発研究院（KDI）、企画財政部、金融監督院、教育部、韓国教育開発院（KEDI）などいくつもの機関で経済・金融教育資料の開発および教材の執筆に参加し、2015改訂教育課程の社会科評価基準の開発研究を進めるなど、教育課程関連の研究にも参加している。2009年、中学の時に必ず知っておきたい経済理論をやさしく面白く体得できるよう、経済勉強サークル「実験経済部」を作った。2019年には独創的な授業の方法とその成果が認められ、大韓民国経済教育大賞「経済教育団体協議会会長賞」、毎日経済新聞経済授業指導案教育部長官賞、韓国経済新聞経済授業指導案最優秀賞など多数の経済・金融教育関連賞を受賞している。

Eメール cecilia227@gmail.com

ブログ blog.naver.com/economicedu

イ・インピョ　監修者

梨花女子大学国際大学院教授。ソウル大学を卒業し、同大学院で経済学の修士号を取得、アメリカのイェール大学で経済学博士号を取得した。梨花女子大学教務所長、スクラントン学部長、国際大学院長を経て現職。

チョン・ジニョム　イラストレーター

弘益大学で視覚デザインを専攻。現在イラストレーターとして様々な領域で作業をしている。絵本『こっそりこっそりサーカス』のイラストで2021イタリア・ボローニャ国際絵本原画展に入選。これからも想像に満ちた楽しい絵を生み出したいと考えている。

吉原育子　翻訳者

新潟市生まれ。埼玉大学教育学部音楽専攻卒業。成均館大学などで韓国語を学ぶ。韓国文学翻訳院短期集中課程修了。主な訳書に『明日も出勤する娘へ』『サムスン式 仕事の流儀』（ともにサンマーク出版）、『The Having　富と幸運を引き寄せる力』（飛鳥新社）、『チェリーシュリンプ わたしは、わたし』（金の星社）、『ユ・ウォン』（祥伝社）などがある。

チョコレートパイは、
なぜ1個目がいちばんおいしいのか？

2023 年 4 月 20 日　　初版印刷
2023 年 4 月 30 日　　初版発行

著　者　　キム・ナヨン
訳　者　　吉原育子
発行人　　黒川精一
発行所　　株式会社サンマーク出版
　　　　　〒 169-0074
　　　　　東京都新宿区北新宿 2-21-1
　　　　　電話　03-5348-7800

印　刷　　株式会社暁印刷
製　本　　株式会社村上製本所

Printed in Japan
ISBN978-4-7631-4031-9　C0030
ホームページ　https://www.sunmark.co.jp